KB162757

# 왜
## 전태일은
### 바보회를
#### 만들었을까?

근로
기준법

교과서 속 역사 이야기, 법정에 서다

58
역사공화국
한국사법정

왜
전태일은
바보회를
만들었을까?

자본가 vs 전태일

글 이정범 | 그림 이일선

㈜자음과모음

1960년대는 역사적인 4·19 혁명으로 시작되었습니다. 이승만 대통령과 자유당 정부의 독재, 부정부패에 항거하면서 시작된 4·19 혁명은 우리나라에 민주주의를 뿌리내리게 한 매우 중요한 사건이었습니다. 하지만 다음 해인 1961년 5월 16일, 박정희를 비롯한 군인들이 4·19 혁명으로 세워진 민주당 정부를 무너뜨리는 정변(쿠데타)을 일으켰습니다. 이 일을 5·16 군사 정변이라고 부릅니다. 이 사건으로 4·19 혁명의 정신은 빛이 바랬고, 민주주의와 인권은 위기를 맞았습니다.

군사 정변으로 세워진 박정희 정부는 미국, 일본 등으로부터 경제적인 지원을 받아 경제를 발전시키는 것을 가장 큰 정책 목표로 세웠습니다. 1960년대 초반만 해도 한국 경제는 세계 최하위 수준이어서 온 국민이 가난과 배고픔에 허덕이던 시절이었지요. 그래서 경제 발전을 힘써 추진한 박정희 정부는 국민의 지지를 받으며 장기 집권을 할 수 있었고, 우리나라는 눈부신 경제 발전을 이룩해 세계의 주목을 받았습니다. 이 시기를 흔히 '산업화 시대'라고 하는데, 진보적인 사람들은 '개발 독재의 시기'라고도 부릅니다. 이처럼 같은 사건, 같은 시기를 두고도 역사관이나 사상에 따라 다르게 부르는 경우가 많습니다.

당시에는 농사를 짓던 많은 사람들이 서울 등 대도시로 이주하여 농촌이 붕괴되는가 하면 대도시 곳곳에 빈민촌이 만들어졌습니다. 그 결과 지금도 1960년대 후반과 1970년대를 상징하는 '달동네'와 '빨리빨리'라는 말이 있습니다.

달동네는 농촌에서 온 사람들이 대도시 변두리에 모여 살면서 이뤄진 빈민촌을 가리킵니다. 그들은 대개 산 중턱이나 정상 쪽에 판잣집을 짓고 살았으며 생계를 위해 새벽부터 밤늦게까지 일했습니다. 그래서 달을 보며 집을 나가 달을 보면서 귀가를 했다는 뜻에서 달동네라는 말이 생겼습니다.

또한 당시의 노동자들은 하루 종일 공장에 틀어박혀 정해진 생산량을 채워야 했기 때문에 몸이 부서질 정도로 일에만 매달려야 했습니다. 그들을 감시하는 공장 감독이나 사장은 "목표량을 빨리빨리 채우라"며 다그쳤지요. 그러다 보니 우리나라 사람들에게는 무슨 일이든 정해진 시간보다 빨리 해치우는 습관이 생겼습니다.

그러한 때여서 민주 정치를 실현해야 한다거나 노동자들의 인권,

복지 등을 보장해야 한다는 요구는 배부른 투정으로 여겨졌습니다. 자본가들은 권력자들이나 관리들에게 뇌물과 정치 자금 등을 주고 여러 가지 혜택을 받았습니다. 어떻게든 돈을 버는 게 목적이던 자본가들에게 근로 기준법 따위는 있으나 마나 한 법이었습니다.

전태일은 가난한 집안에서 태어나 산업화 시대에 밑바닥을 떠돌며 어린 시절을 보냈습니다. 그 뒤 평화시장의 미싱사가 되어 하루 14시간 이상 혹독한 노동에 시달리던 동료들을 보며 깊은 고민에 빠졌습니다. 그러던 중 우리나라에도 근로 기준법이 있다는 것과 사업주(사장)나 관리들이 법을 지키지 않는다는 사실을 깨닫고 큰 충격을 받았습니다.

전태일은 동료들과 함께 근로 기준법을 지켜 달라며 정부와 자본가들에게 요구했으나 철저히 무시당했습니다. 전태일은 최후의 수단으로 "우리(노동자)는 기계가 아니다!"라고 외치면서 『근로 기준법』 책과 함께 자신도 분신자살해 스물두 살의 짧은 생애를 마쳤습니다.

전태일의 죽음은 그 뒤 우리나라 산업계에 매우 큰 영향을 주었고 경제 발전 못지않게 노동자들의 인권과 복지도 중요하다는 것을 일깨워 주었습니다. 전태일의 짧은 생애를 살펴보며 산업화 시대의 부작용과 노동자의 권리에 대해서도 생각해 보시기 바랍니다.

이정범

## 차례

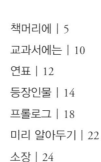

1960년대에는 장면 정부가 수립한 경제 개발 계획을 박정희 정부가 본격적으로 시행하여 경제 성장의 발판이 마련되었다. 박정희 정부는 수출 주도형 경제 정책을 펴 눈부신 경제 성장을 이룩하였다.

중학교

역사

1970년 동대문 평화시장에서 재단사로 일하던 전태일의 죽음은 노동 운동의 큰 전환점이 되었다. 이후, 1987년 6월에 일어난 민주 항쟁은 노동 운동과 농민 운동 등의 사회 운동을 크게 활성화하는 계기가 되었다.

1960년대부터 1970년대에 이룬 고도성
장에는 열악한 환경 속에서 피땀 흘린 수
많은 노동자의 희생이 깔려 있었다. 이 시
기에 전태일은 자신의 몸을 불태워 노동
자의 권리를 요구하며 세상을 떠났고, 이
후 노동 운동이 활발해졌다.

고등학교

한국사

IX. 대한민국의 발전과 국제 정세의 변화
  3. 산업화와 대중문화의 발달
    (7) 노동 문제와 노동 운동

| 1945년 | 8·15 광복, 미군정 시작 |
|---|---|
| 1948년 | 제주도 4·3 사건 |
| | 5·10 총선거 |
| | 대한민국 정부 수립 |
| | 전태일 출생 |
| 1950년 | 6·25 전쟁, UN군 참전 |
| 1953년 | 휴전 협정 조인 |
| 1957년 | 어린이 헌장 선포 |
| 1960년 | 3·15 부정 선거 |
| | 4·19 혁명 |
| | 제2공화국 수립 |
| 1961년 | 5·16 군사 정변 |
| 1962년 | 제1차 경제 개발 5개년 계획 |
| 1963년 | 제3공화국 발족, 박정희 대통령 취임 |
| 1964년 | 6·3 사태, 베트남 파병 |
| 1967년 | 제2차 경제 개발 5개년 계획 |
| 1969년 | 전태일, 노동 운동 조직 바보회 창립 |
| 1970년 | 새마을 운동 시작 |
| | 전태일, '근로 기준법 화형식'과 함께 분신 |

| | |
|---|---|
| **1945년** | 얄타 회담·포츠담 선언<br>일본 항복 |
| **1947년** | 마셜 플랜<br>트루먼 독트린 발표 |
| **1948년** | 유엔 총회, 세계 인권 선언 채택 |
| **1949년** | 북대서양 조약 기구(NATO) 성립 |
| **1957년** | 소련, 인공 위성 스푸트니크 1호 발사 성공 |
| **1961년** | 소련, 유인 인공 위성 발사 |
| **1963년** | 핵실험 금지 협정 |
| **1967년** | 제3차 중동 전쟁 |
| **1968년** | 체코슬로바키아 민주화 선언에 소련군 개입 |
| **1969년** | 미국, 닉슨 독트린 발표<br>아폴로 11호 달 착륙 |
| **1972년** | 미국 대통령 닉슨, 중국 방문 |

원고 **자본가**

나는 동대문 시장에서 의류를 생산하고 판매하는 사업을 했습니다. 봉제 공장을 운영하며 수십 명의 노동자들에게 일자리를 제공했지요. 그런데 전태일은 공장의 직원들을 선동하여 시위를 벌이고 나와 같은 사업가들을 천하의 나쁜 사람으로 몰아갔습니다.

원고 측 변호사 **나대로**

이번 재판을 맡게 된 나대로 변호사입니다. 산업화 시대에 경제 발전을 위해 노력한 자본가 선생님의 변호를 맡았습니다. 전태일의 노동 운동과 분신자살은 옳지 않으며 극단적인 선택이고 국민들에게 큰 충격을 준 사건이라고 생각합니다.

경제기획원에서 근무한 김관리입니다. 우리나라의 경제 발전 정책을 세우고 국가 예산을 짜는 일을 담당했지요. 중요한 행정 부서에서 일해 온 만큼 그 시절의 경제 사정에 대해서 가장 잘 알고 있다고 자부합니다.

평화시장주식회사의 임원이었던 최평화입니다. 우리가 자본을 투자해서 공장을 만들었기 때문에 사람들이 일을 할 수 있었는데, 근로자들은 오히려 근무 시간을 따지며 월급 인상을 요구하니 기가 막힐 노릇이었지요.

역사공화국 한국사법정의 명판사 공정한입니다. 이번 재판도 치열할 것으로 예상되지만 어느 때보다도 공정하게 판결을 내리도록 노력하겠습니다.

**피고 전태일**

노동 운동가 전태일입니다. 청계천 평화시장 봉제 공장의 재단사로 일하면서 노동자들의 권리를 찾기 위해 노력했지요. 분신자살을 선택할 수밖에 없었던 억울한 사연을 이번 재판을 통해 반드시 밝히겠습니다.

**피고 측 변호사 임예리**

지성과 미모를 겸비한 역사공화국의 임예리 변호사입니다. 노동자들의 복지와 인권을 위해 자신의 몸을 내던진 전태일 선생님의 희생정신에 깊이 감탄하고 있습니다. 이번 재판은 노동자의 인권에 대해 생각하는 의미 있는 시간이 될 것이라 확신합니다.

**피고 측 증인 이소선**

노동 운동가 전태일의 어미 되는 사람입니다. 사람들은 나를 '1000만 노동자의 어머니'라고 부르지요. 마지막 순간까지 태일이의 비극적인 일생을 지켜본 나보다 태일이를 잘 아는 사람이 어디 있겠습니까? 이번 재판을 끝까지 지켜봐 주세요.

**피고 측 증인 김개남**

전태일을 도와 바보회, 삼동친목회 등을 조직하고 함께 활동했던 김개남입니다. 나도 물론 재단사였지요. 이번 재판에서는 좀 부담이 되어 가명을 사용하기로 했으니 이해해 주시기 바랍니다.

**피고 측 증인 조영래**

사회 개혁가이자 대표적인 인권 변호사였던 조영래입니다. 사법 시험을 준비하던 시절에 전태일 분신자살 사건을 알게 되었고, 『전태일 평전』을 썼지요. 이 책이 이번 재판에 도움이 되었으면 좋겠네요.

# "나는 혹사당하는 노동자들의 권리를
# 찾기 위해 온몸을 불살랐소."

오늘 임예리 변호사 사무실을 방문한 사람은 20대 초반의 나이로 세상을 떠난 전태일이었다. 1970년대 초반의 대표적인 노동 운동가이며 인권 운동가였던 전태일이 이번 소송을 준비하는 각오는 남달랐다.

임 변호사는 공손하게 전태일을 맞으며 인사를 건넸다.

"어서 오십시오. 아까 전화로 이야기를 나눴던 변호사 임예리입니다."

"그렇습니까? 난 임 변호사님을 텔레비전에서 보고는 김태희 씨가 무슨 법률 상담을 할까 싶었습니다. 실제로 보니 화면보다 더 미인이시군요."

전태일의 말에 임 변호사는 기분이 좋아져서 얼굴에서 미소가 떠나지 않았다.

"전 선생님도 보는 눈이 높으시군요. 사실 전부터 그런 소리를 많이 들었답니다."

갑자기 전태일이 어두운 표정으로 말했다.

"임 변호사님의 실력이 뛰어나다는 건 역사공화국 사람들 누구나 다 알지만 조금 걱정스럽기도 하군요."

"왜요?"

"배심원들이 임 변호사님의 변론보다 미모를 보고 손을 들어주는 게 아닐까 해서요."

그 말을 듣고 임 변호사는 진지한 얼굴로 대답했다.

"제가 이번에도 실력으로 승리하는 모습을 보여 드릴게요."

임 변호사는 주먹을 불끈 쥐었다. 그러고는 이상하다는 듯이 전태일에게 물었다.

"그나저나 원고인 자본가가 전 선생님을 무슨 이유로 고소한 것인가요?"

전태일은 어깨를 으쓱했다.

"내가 분신자살을 하는 바람에 정신적으로 큰 충격을 받았고, 사회적으로 노동 운동이 활발해져서 경제적인 손실을 입었대요. 그걸 보상받기 위해 소송을 제기했다는군요."

"그런 이유라면 전 선생님이 충분히 이길 수 있겠는데요."

전태일이 되물었다.

"그렇죠? 그럴 줄 알았어요. 그런데 임 변호사님도 아시겠지만 내

가 좀 가난하거든요. 영혼들만 사는 역사공화국에서도 마찬가지고
요. 그래서 수임료를 싸게 해 주면 안 될까요?"

전태일이 미안한 표정으로 묻자, 임 변호사가 고개를 절레절레 흔
들며 말했다.

"아니, 그게 무슨 말이세요? 수임료라니요? 역사공화국 최고의
미모에다 실력을 겸비한 제가 어떻게 전 선생님께 수임료를 받겠어
요? 무료로 변론해 드릴 테니 걱정 마세요."

임 변호사의 흔쾌한 대답에 전태일은 큰 용기를 얻고 기뻐했다.

"역시! 듣던 대로 최곱니다!"

전태일은 들고 있던 책을 건네며 말했다.

"여기, 변론에 도움이 되실 것 같아 가져왔습니다. 당시의 신문 기사들과 조영래 변호사가 쓴 『전태일 평전』입니다. 잘 부탁합니다."

전태일과 임 변호사는 손을 맞잡았다. 임 변호사는 어느 때보다 자신감이 넘치는 표정이었다.

# 평화시장 재단사 전태일

전태일은 1948년 대구에서 가난한 노동자의 맏아들로 태어났습니다. 전태일의 부모는 가난한 현실 속에서도 열심히 살았지만 결국, 가난 때문에 서울로 옮기게 되지요. 전태일은 어린 시절 아버지에게 배운 재봉 기술로 청계천 평화시장의 피복점 보조로 일하게 됩니다. 그리고 재단사가 되기까지 자신을 비롯한 많은 노동자들이 적은 월급과 열악한 환경에 시달리는 것을 직접 보고 겪게 되지요.

1968년 전태일은 노동자의 인권을 보호하는 법인 근로 기준법에 대해 알게 됩니다. 그리고 법률로 규정되어 있는 최소한의 권리조차 누리지 못하는 노동자의 현실에 분노하게 되지요. 이듬해 전태일은 노동 운동 조직인 '바보회'를 만들어 평화시장의 노동자들에게 근로 기준법의 내용을 알립니다. 하지만 전태일의 행동은 사장들의 눈 밖에 나는 일이었지요. 결국 전태일은 평화시장을 떠나 공사장에서 막노동을 하며 지내게 됩니다.

1970년 다시 평화시장으로 돌아온 전태일은 바보회를 발전시킨 조직인 '삼동친목회'를 만듭니다. 그리고 노동자들의 실제 생활을 조사하고 서명을 받아 노동청에 진정서를 제출하는 등 본격적으로 노동 운동을 시작합니다. 이러한 전태일의 노력으로 사람들은 점차 노동자들의 현실에 관심을 갖게 되지요. 하지만 전태일의 노력은 번번이 정부와 자본가에게 부딪혀 큰 결실을 맺지 못합니다.

　같은 해 11월, 전태일과 삼동회 회원들은 제 역할을 하지 못하는 근로 기준법을 비판하는 뜻에서 '근로 기준법 화형식'을 하기로 뜻을 모읍니다. 하지만 자본가와 경찰들의 방해로 뜻대로 되지 않자 전태일은 온몸에 석유를 끼얹고 불을 붙이지요. 그리고 "근로 기준법을 준수하라! 우리는 기계가 아니다!"라는 말을 외치고 죽음을 맞이하게 됩니다.

　전태일의 죽음은 사회적으로 큰 영향을 미쳤습니다. 각계각층의 사람들이 노동자들의 현실을 제대로 보게 되었고, 본격적으로 노동 운동이 시작된 계기가 된 것입니다.

| | |
|---|---|
| 원고 ∣ 자본가 | 대리인 ∣ 나대로 변호사 |
| 피고 ∣ 전태일 | 대리인 ∣ 임예리 변호사 |

## 청구 내용

나 자본가는 부모님에게 물려받은 재산으로 1960년대 중반부터 동대문 시장에서 의류를 생산하고 판매하는 사업을 했습니다. 당시 한국은 전쟁으로 폐허가 된 땅에서 온 국민이 가난에서 벗어나기 위해 부지런히 일에만 매달리고 있었습니다.

내가 운영하는 봉제 공장에서도 수십 명의 노동자들이 아침부터 밤늦게까지 열심히 일해 가족들의 생계를 이어 갔습니다. 나는 그들이 한 푼이라도 더 돈을 벌 수 있도록 열심히 일감을 구해 주었으며 그들이 생산한 제품을 열심히 팔았습니다.

그러나 1960년대 후반부터 피고 전태일이 동대문 시장에서 일하는 사람들을 모아 근로 기준법이 어떻다, 노동자들의 인권과 복지를 위해 시위를 벌이거나 파업을 해야 한다며 사람들을 선동했습니다. 그 일로 우리 사업주들은 파렴치한 인간들로 손가락질을 받았으며 근로자들의 태만으로 경제적인 손실을 입었습니다.

우리 자본가들은 근로자들의 생계를 위해 수많은 일자리를 만들어 주었으며 국가 경제를 발전시키려고 노력한 죄밖에 없는데 전태일 등은 우리를 악덕 업주, 악덕 자본가라고 손가락질했으며 끝내 분신자살을 하여 국민들에게 큰 충격을 주었습니다. 이에 따라 나는 당시의 자본가들을 대표하여 전태일로부터 입었던 정신적·경제적인 손실을 보상받고자 소송을 제기합니다.

---

### 입증 자료

- 중학교 역사 교과서
- 고등학교 한국사 교과서
  그 외 자료 추후 제출하겠음.


위 청구인 자본가
역사공화국 한국사법정 귀중

# 전태일의
# 어린 시절은 어땠을까?

# 1

## 한강의 기적과 달동네의 그림자

여기는 전태일 분신 사건에 대한 첫 번째 재판이 열리는 역사공화
국 한국사법정이다. 재판이 시작되기 전 방청객들은 삼삼오오 모여
서 이번 재판에 대해 이야기를 나누었다.

"전태일은 한국 현대사에서 노동 운동과 인권 운동을 상징하는
인물이잖아. 그런데 왜 소송을 당한 거야?"

"이번에 소송을 건 자본가가 노동 운동 때문에 많은 피해를 입었
다는군. 자본가들이 자본을 투자해 우리나라 경제를 발전시키고 일
자리를 만들어 준 것은 사실이니 소송을 제기할 만도 하지."

"전태일이 오죽하면 근로 기준법 책을 불태워 버리고 스스로 목숨
을 끊었겠어. 아무튼 이번 재판으로 누가 옳은지 결론이 나겠군."

그때 판사가 입장하자 모두 입을 다물었다.

왜 전태일은 바보회를 만들었을까?

**판사**　지금부터 재판을 시작하겠습니다. 방청객과 배심원 여러분들은 자리에 앉아 주세요. 이번 재판은 산업화 시대의 사업주들을 대표해 자본가 선생이 자신들에 대한 오해와 억울함을 풀기 위해 소송을 걸었군요. 먼저 원고 측 변호사, 이번 소송에 대해 간단하게 설명하세요.

**나대로 변호사**　존경하는 재판장님, 그리고 배심원 여러분. 많은 분들이 **자본가**라고 하면 색안경부터 끼고 바라보는 게 오늘날의 현실입니다. 조상에게 많은 재산을 물려받거나 열심히 노력해 돈을 벌고 자본가가 된 게 큰 잘못인 듯 나쁘게만 여깁니다. 아니, 돈 많은 게 무슨 죄가 된다고 자본가들을 욕하는 겁니까?

　잘 아시다시피 ▶1960년대와 1970년대는 경제 발전을 최고의 목표로 삼았던 산업화 시대였습니다. 그리고 대한민국은 사회주의가 아니라 자본주의 국가입니다. 따라서 자본가들이 자금을 투자해 사업을 하고 그것으로 영리를 얻으려는 것은 너무나 당연한 일입니다. 그런 과정에서 일자리를 만들어 수많은 근로자들을 먹여 살린 공로도 매우 크지요.

　그럼에도 피고 전태일은 자본가들이 근로 기준법을 지키지 않았다느니, 노동자들이 아침부터 밤늦게까지 혹독한 노동에 시달렸다느니 하면서 자본가들을 모함하고 끝내 분신자살하여 자본가들에 대한 인식을 부정적으로 심어 주었습니다.

　이것은 매우 억울하며 진실을 왜곡하는 일이기에 원고

재봉틀을 이용하거나 손바느질로 의류, 완구 등을 생산하는 공장을 가리킵니다.

가 모든 자본가들을 대표해 소송을 결심하게 된 것입니다. 본 변호인은 이번 재판에서 원고에 대한 오해를 풀고, 진실을 밝힐 것입니다.

**판사**　나대로 변호사의 청구 이유를 잘 들었습니다. 이번엔 원고가 간단하게 자기소개를 하세요.

**자본가**　나는 수십 명의 종업원을 둔 평화시장 **봉제 공장**의 사장이며 의류 도매업을 하던 사람입니다. 내가 젊은 나이에 그런 공장과 가게를 가진 것은 부모로부터 물려받은 재산이 조금 있었으며 돈을 모으기 위해 열심히 노력한 덕분입니다. 나는 평화시장 상인연합회 회장을 지낸 적이 있으며 나중에는 청계천 주변에 35층짜리 빌딩을 사들여 임대업을 했습니다.

**판사**　상인연합회 회장을 지냈다는 것과 35층 빌딩의 임대업을 한 것을 굳이 말하는 이유는 뭔가요?

**자본가**　그저 처음엔 평화시장 주변에서 봉제 공장과 도매업을 했지만 그 일을 그만두고 빌딩 임대업을 한 일을 솔직하게 말한 것뿐입니다.

**판사**　봉제 공장과 의류 매장을 운영할 때 큰돈을 벌었군요.

**자본가**　꼭 그런 건 아니고, 봉제 공장을 더 이상 운영하지 않았다는 게 중요하지요.

**판사**　왜 중요한가요?

**자본가**　저기 있는 피고를 비롯한 노동자들이 번번이 시비를 걸어 많은 손실을 입었고 정신적으로도 피해를 보았기에 더는 공장을 운영할 마음이 생기지 않았기 때문입니다.

**판사**　　그렇다 해도 35층짜리 빌딩을 사들였다면 봉제 공장을 운영하면서 큰돈을 벌었다는 뜻이 아닙니까?

**자본가**　　부모님께 물려받은 재산에다 봉제 공장과 가게를 판 돈을 보태고 은행에서 대출을 받아 빌딩을 사들인 겁니다.

**판사**　　그렇군요.

**임예리 변호사**　　이의 있습니다. 여기 자료를 보면 원고는 봉제 공장을 운영하는 동안 큰 이득을 본 것으로 나옵니다. 따라서 원고는 노동자들을 착취해 큰돈을 번 뒤, 노동 운동이 본격적으로 시작되자 재빨리 업종을 바꾼 것입니다. 원고, 그렇지 않나요?

**나대로 변호사**　　임 변호사는 원고의 인격을 모독하는 발언을 삼가시기 바랍니다. 원고는 당시 평화시장 상인연합회의 회장까지 지냈던 분입니다. 평화시장 사업주들을 대표해 모범을 보여야 하는 원고가 노동자들을 착취했다니 그런 모독이 어디 있습니까?

**임예리 변호사**　　사실을 말했을 뿐인데 인격 모독이라니 어이가 없군요. 이 신문 기사는 당시 평화시장 노동자들의 실상을 보도한 내용입니다. 그들은 ▶하루 평균 16시간 이상 고된 일에 시달렸고 명절을 앞두고는 며칠 밤을 꼬박 세워 가며 재봉틀 앞에 앉아 있어야 했습니다. 그때 평화시장 사업주들은 노동자들이 졸까 봐 몸에 해로운 각성제까지 강제로 먹여 가면서 일을 시켰습니다. 이게 착취가 아니면 뭔가요? 재판장님, 이 신문 기사를 증거로 제출합니다.

**판사**　좋습니다. 시작부터 양쪽 법률 대리인의 공방이 치열하군요. 하지만 평화시장 노동자들의 근로 실태는 다음 재판 때 알아보기로 하고 오늘은 피고의 성장 과정과 주변 환경에 대해 살펴보는 게 좋겠습니다. 피고는 1948년 8월, 대구에서 태어난 것으로 기록되어 있군요. 사실입니까?

**전태일**　사실입니다.

**판사**　가족 관계는 어떻게 되나요?

**전태일**　나는 아버지 전상수와 어머니 이소선 사이에서 장남으로 태어났습니다. 밑으로 남동생 하나와 여동생 둘이 있었습니다.

**임예리 변호사**　재판장님을 대신해 제가 질문해도 될까요?

**판사**　좋습니다.

**임예리 변호사**　피고의 아버지는 봉제 공장 노동자였지요?

**전태일**　그렇습니다. 아버지는 젊어서부터 옷을 만드는 봉제 공장에 다니며 기술을 익혔고, 공장을 그만둔 뒤로는 집에 재봉틀 몇 대를 놓고 직접 옷을 만들어 팔았습니다.

**임예리 변호사**　소규모 자영업자가 되었군요.

**전태일**　하지만 아버지는 여러 번 사업에 실패했고 실의에 빠졌습니다. 옷이 잘 팔리지 않았으며 옷을 주문한 사람들이 밀린 외상값을 주지 않는 경우도 많았기 때문입니다. 그래서 아버지는 술로 아픈 마음을 달래려다가 알코올 중독자가 되기도 했습니다.

**임예리 변호사**　그 일로 피고는 아버지에게 반항심을 가지게 되었나요?

**자영업자**
어느 회사에 속하지 않고 자신이 직접 사업을 경영하는 사람을 가리키는 말입니다.

전태일　아버지가 술을 마시고 가족들에게 술주정을 할 때는 무섭고 미웠습니다. 하지만 아버지의 영향도 많이 받았습니다. 내가 평화시장에서 미싱사, 재단사로 일하게 된 것도 어려서부터 아버지의 일을 보고 자랐고 종종 도와드린 경험이 있었기 때문입니다. 특히 우리나라에도 근로 기준법이 있다는 걸 아버지에게 듣고 처음 알게 되었습니다. 그땐 큰 충격을 받았습니다. 그러나 정신적으로는 아버지보다 어머니를 더 존경했고 나이가 들면서는 어머니의 영향을 좀 더 많이 받았습니다.

**임예리 변호사**　피고가 어렸을 때 온 가족이 서울에 산 적이 있었다면서요?

전태일　내가 태어난 곳은 대구였지만 부산, 서울, 대구 등을 오가며 어린 시절을 보냈습니다. 내가 여섯 살 되던 해 아버지는 부산에서 소규모 양복 제조업을 하고 있었어요. 그런데 염색을 맡겼던 옷감이 모두 못 쓰게 되는 바람에 부모님은 가진 재산을 모두 잃었지요. 그때 아버지는 더 이상 일어설 수 없을 만큼 큰 타격을 받았습니다. 그런데 그 무렵은 전쟁이 끝나고 복구 사업이 한창이던 때여서 많은 사람들이 서울로 올라가는 게 유행이었습니다. 우리 가족도 무작정 서울로 올라왔습니다.

**임예리 변호사**　피고의 아버지는 서울에서도 사업을 하셨나요?

전태일　그렇습니다. 하지만 사업을 시작하기 전까지 우리 가족이 겪은 고통은 이루 말할 수 없습니다.

**임예리 변호사**　그 일에 대해 좀 더 자세히 말씀해 주시기 바랍니다.

　왜 전태일은 바보회를 만들었을까?

**전태일** 　우리 가족은 수저와 밥그릇, 이불 등 기본적인 살림살이만 들고 서울에 도착했습니다. 그때 아버지가 가진 유일한 재산이라고는 옷을 만드는 기술밖에 없었지요. 아버지는 "내가 옷 만드는 기술을 가졌으니 서울에 가면 쉽게 취직할 수 있을 거다"라며 걱정 말라고 하셨어요. 하지만 막상 서울에 도착하고 보니 아는 사람은 한 명도 없고 서울 지리도 몰라 **망망대해** 한가운데에 버려진 느낌이었습니다.

**임예리 변호사** 　이해를 돕기 위해 당시 상황이 어땠는지 간단히 설명을 더하겠습니다. 그때 많은 사람들은 서울만 가면 농사를 짓는 것보다는 돈벌이가 쉬울 것이라 생각했습니다. 무작정 상경하는 게 유행이었지요. 서울은 삶에 지치고 힘겨워하던 사람들의 마지막 종착지였습니다. 하지만 전국 각지에서 비슷한 처지의 농민 수백만 명이 모여들자 경쟁이 치열해졌고 도시 곳곳에 판자촌이나 **달동네**가 만들어졌습니다.

**전태일** 　그 말을 듣고 보니 내가 살던 판자집이 생각나는군요. 우리 가족은 서울 역에 도착한 뒤 그곳에서 가까운 염천교라는 다리 밑에서 노숙을 했습니다. 판잣집조차 구할 돈이 없었기 때문이지요. 그때 아버지는 새벽부터 밤늦게까지 서울 시내 곳곳을 돌아다니며 일자리를 알아보았고, 어머니는 우리를 두고 집집마다 다니며 동냥을 해서 겨우 가족의 생계를 이어갔습니다. 그렇게 석 달쯤 지난 어느 날 아버지가 밤늦게 나타나 어머니에게 돈을 주셨습니다. 3000원쯤

**망망대해**
한없이 넓고 큰 바다를 뜻하는 말로, '망망대양'과 바꾸어 쓸 수 있습니다.

**달동네**
산등성이나 산비탈 따위의 높은 곳에 가난한 사람들이 모여 사는 동네를 말합니다. 늦은 시간까지 일을 하다가 달을 보며 돌아가는 동네라는 의미도 있고, 높은 곳에 있어 달에 가까운 동네라는 의미도 있지요.

되었는데 그때 우리 가족에겐 매우 큰돈이었지요.

**임예리 변호사**　아버지가 취직을 하셨던 건가요?

전태일　아마 그랬던 것 같습니다. 공장에 취직이 되어 미리 몇 달치 월급을 받아 오신 것 같았습니다. 아버지는 "몇 달 뒤에 천막집이라도 살 돈을 벌어 올 테니 당분간 이 돈으로 버텨 보라"며 어머니에게 돈을 준 뒤 다시 사라졌어요. 그때부터 어머니는 동냥 대신 장사를 하셨어요. 채소 행상을 비롯해 팥죽 장사, 비빔밥 장사, 찹쌀떡 장사 등 닥치는 대로 해서 하루에 10원, 20원씩 벌어 알뜰하게 저축했지요. 그런 생활을 2년 동안 하던 끝에 천막집 한 채와 재봉틀 한 대를 살 수 있었습니다.

**임예리 변호사**　재봉틀을 마련했다면 다시 집에서 옷을 만들게 되었다는 뜻인가요?

전태일　맞습니다. 아버지가 집에서 옷을 만들어 **납품**했고 어머니는 전처럼 행상을 하셨습니다. 그 무렵엔 나도 남대문초등공민학교 2학년으로 편입학했고요.

**임예리 변호사**　초등공민학교가 뭔가요?

전태일　초등공민학교는 초등 교육을 받지 못하고 나이가 든 아이들이 입학해 기초 과정을 배우는 교육 기관이었습니다.

**임예리 변호사**　그러니까 초등학교에도 들어갈 수 없었던 가난한 아이들이 다니던 학교였군요?

전태일　창피하긴 하지만 변호사님 말이 맞습니다.

**임예리 변호사**　창피하다니요? 가난한 집안에서 태어난 게 피고의 죄는 아니잖아요? 아무튼 공민학교를 다닐 수 있을 만큼 생활이 안정되었다는 말이군요.

전태일　네. 비록 공민학교를 다니긴 했지만 염천교 밑에서 노숙을 하다가 조그만 판잣집으로 옮겼을 때의 기쁨은 말할 수 없었어요. 마치 이 세상이 모두 내 것 같다는 느낌이었죠. 그렇게 생활한 지 얼마 뒤에는 아버지가 하시는 사업도 규모가 커졌어요. 당시 아버지는 남대문시장에 있던 대도백화점 2층에 가게를 마련하고 재봉틀도 몇 대 더 구입하셨지요. 물론 미싱사도 여러 명 두고 열심히 일하셨어요.

임예리 변호사　하지만 그 사업이 또 실패했지요?

전태일　네. 지금도 그때의 일을 생각하면 눈앞이 캄캄해집니다. 그러니까 1960년, 4·19 혁명이 일어나기 전이었어요. 하루는 아버지가 수천 벌의 체육복을 주문받았다며 밝은 표정으로 퇴근하셨어요. 어떤 중개업자가 한 고등학교 체육복을 단체로 주문받아 아버지에게 일을 맡겼다고 하셨어요. 그래서 아버지와 어머니는 친척들과 가깝게 지내던 사람들을 찾아가 돈을 꾸어 체육복을 만들 옷감과 여러 가지 부자재를 구입했어요. 그리고 며칠 밤을 새워 가며 옷을 만들어 제 날짜에 납품했지요. 그런데 4·19 혁명이 일어나고 사회가 어수선한 틈을 타 중개업자가 학교로부터 받은 체육복 대금을 떼어먹고 도망쳐 버린 겁니다. 그

4·19 혁명은 부정부패와 이승만 정권의 부정 선거에 반대하며 벌인 민주 항쟁입니다.

일로 우린 재봉틀이며 판잣집, 대도백화점에 있는 가게 등을 모조리 팔아 빚을 갚고 옛날처럼 알거지가 되어 거리를 떠돌게 되었지요.

전태일의 말이 끝나자 방청석 곳곳에서 안타까워하는 탄성이 들려왔다.

"저런! 이제야 제대로 살아 보나 했을 텐데……."

"지금도 그런 사기꾼들이 많을 거야. 그러니까 사기꾼들을 욕할 게 아니라 사기를 당하지 않도록 조심하는 수밖에."

왜 전태일은 바보회를 만들었을까?

**나대로 변호사**    재판장님, 저는 이쯤에서 당시의 정부 관리를 증인으로 신청해 그 무렵, 우리나라의 경제 사정에 대한 진술을 듣고자 합니다.

**판사**    인정합니다. 증인은 앞으로 나와 증인 선서를 하십시오.

**나대로 변호사**    증인은 간단히 자기소개를 해 주시겠습니까?

김관리    나는 1960년대와 1970년대에 경제기획원에서 근무했습니다.

**나대로 변호사**    경제기획원은 무슨 일을 하던 곳인가요?

김관리    우리나라의 경제 정책을 총괄하는 중앙 행정 부서였습니다. 경제 발전 정책을 세우고 국가 예산을 짜는 등의 일을 했으며, 오늘날에는 재정경제부로 이름이 바뀌었습니다.

**나대로 변호사**    그처럼 중요한 행정 부서에서 오랫동안 일하셨으니까 당시의 경제 사정을 잘 알고 계시겠군요.

김관리    물론이지요. 손바닥을 들여다보는 것처럼 훤했습니다. 2012년 현재 한국의 1인당 **국민 소득**(GNI)은 2만 달러가 넘는다고 합니다. 그런데 1960년만 해도 우리나라 1인당 국민 소득은 79달러였고, 10년 뒤인 1970년에는 243달러였습니다. 이런 수치가 상상이 되십니까? 한마디로 1960년대 우리나라 경제 사정은 세계 최하위 수준이었지요.

**나대로 변호사**    그처럼 가난했던 이유가 뭘까요?

**국민 소득**
gross national income, 한 나라의 국민이 생산한 것을 모두 합한 금액으로, 외국에 있는 우리나라 국민이 생산한 것도 포함됩니다.

김관리     가장 큰 이유로 6·25 전쟁을 들 수 있습니다. 전쟁으로 수백만 명이 죽거나 다쳤고 전 국토가 폐허로 변했다는 건 대부분 알고 있을 겁니다. 그런 시련을 겪고 한국이 세계 10위권 규모의 경제 강국으로 발전한 것은 기적과 같은 일입니다. 그래서 '한강의 기적'이라는 말이 생기지 않았습니까?

**나대로 변호사**     한강의 기적이라니 듣기만 해도 가슴이 뿌듯해지는 말이군요. 그런데 우리 국민이 한강의 기적을 이룰 수 있었던 원인은 어디에 있을까요?

김관리     그것은 박정희 정부가 경제 개발을 최우선 순위에 두고 모든 힘을 기울였기 때문이라 할 수 있습니다. 앞서 말한 것처럼 우리는 6·25 전쟁을 겪은 뒤로 미국, 영국, 일본 등 세계 각국으로부터 원조를 받아 겨우 입에 풀칠을 하는 수준이었지요. 그때 우리의 주력 산업은 경공업과 농업 분야였습니다. 하지만 1961년 5·16 혁명이 일어난 뒤로 박정희 정부는 경제 개발 5개년 계획을 세우고 중공업, 철강 등 2차 산업 중심으로 산업 구조를 바꾸어 나갔습니다. 이와 함께 ▶국민들의 의식을 개혁하려고 '잘 먹고 잘 살아 보자'는 새마을 운동을 일으켜 농촌을 근대화시켰던 겁니다.

**임예리 변호사**     이의 있습니다. 증인은 5·16 군사 정변을 5·16 혁명이라고 부르는데 이는 역사적인 사실을 왜곡하는 발언입니다. 5·16 사건은 북한의 남침을 막아야 할 군인들이 민주 정부를 총칼로 위협해 정권을 빼앗은 군사 정변이지 결코 혁명이 아닙니다. 그래서 ▶▶오늘날에 정부가

발행하는 교과서에 5·16 군사 정변으로 표기하
고 있는 것입니다.

**김관리**    나는 교과서의 표기가 모두 옳다고
생각하지 않습니다. 나는 당시 정부 관료의 한
사람으로 5·16 혁명 또는 5·16 군사 혁명이란
용어 외에는 다른 표현을 써 본 일이 없습니다.
그러니까 내게 5·16 군사 정변으로 불러야 한
다고 강요하지 마세요.

**나대로 변호사**    임 변호사는 반대 신문 때 그
문제를 따지시기 바랍니다.

5·16 군사 정변 때의 박정희

**판사**    인정합니다. 증인, 계속 발언하세요.

**김관리**    갑자기 임 변호사가 끼어드는 바람에 하려던 말을 까먹었
습니다. 아무튼 우리가 지금처럼 잘살게 된 것은 박정희 대통령의
강력한 경제 정책이 바탕이 되었다는 것을 말씀드립니다.

**나대로 변호사**    1960년대의 우리나라 1인당 국민 소득이 세계 최
하위 수준이었다면 전태일 피고처럼 가난한 사람들이 상당히 많았
다고 볼 수 있을까요?

**김관리**    그렇죠. 다시 말해 전태일의 가족만 유난히 어
렵게 살았던 것은 아닙니다. 박정희 정부가 지긋지긋한 가
난에서 벗어나기 위해 경제 발전에 모든 힘을 기울인 것은
옳은 선택이었다고 생각합니다. 난 정부의 정책에 반대하
는 국민들은 딱 질색이거든요. 모두 잘살게 해 주겠다는데

**교과서에는**

▶▶ 박정희를 중심으로 한
일부 군인들이 군사 정변을
일으켜 정권을 장악한 사건
이 5·16 군사 정변입니다.

**행정 고시**
행정 고등 고시의 줄인 말로, 5급 공무원을 뽑는 시험입니다.

무슨 생각으로 정부를 비난하고 사사건건 시비를 거는 건지…….

**나대로 변호사**　저도 그런 사람들을 이해하지 못하겠습니다. 이상입니다.

**판사**　임예리 변호사, 반대 신문하십시오.

**임예리 변호사**　원고 측 증인의 말은 도무지 납득할 수가 없네요. 어떻게 민주주의 국가의 관료라는 사람이 왕조 시대의 고리타분한 대신들과 같은 발언을 하시나요?

**김관리**　고리타분한 대신이라니요? 내가 중앙 행정 부서의 관리가 되려고 얼마나 많은 노력을 한 줄 알아요?

**임예리 변호사**　물론 출세를 위해 좋은 대학교를 졸업하고 또 행정 고시에 합격하려고 공부 좀 했겠지요. 하지만 민주 국가의 관료, 공무원이라는 게 뭡니까? 국민을 위해 봉사하는 심부름꾼이나 머슴 아닌가요?

**김관리**　머슴이라는 표현은 심하군요. 임 변호사는 내가 머슴이나 하려고 행정 고시를 본 줄 알아요?

**임예리 변호사**　답답하고 어이가 없습니다. 증인처럼 국민 위에 군림하려는 관료들과 정치가들 때문에 민주주의가 발전하지 않는다는 걸 아십시오. 증인은 경제기획원에서 일했으니까 경제 개발 5개년 계획이 이승만 정부, 민주당 정부 때부터 세워졌다는 걸 아시겠지요?

**김관리**　그렇지만 계획만 세우면 뭐합니까? 강력하게 실천을 하는 것이 중요하지요.

**임예리 변호사**　내 말은 박정희 정부만 경제 발전을 중요하게 여긴 게 아니라는 것입니다.

김관리　어쨌든 박정희 정부는 이전 정부와는 달랐습니다. 강력한 카리스마를 가지고 힘차게 정책을 밀어붙였습니다. 그 덕분에 눈부신 경제 발전을 이룩할 수 있었던 것입니다.

**임예리 변호사**　박정희 정부는 이전의 민주당 정권과 달리 강력한 독재 정치를 펼쳤습니다. 경제를 발전시킨다는 이유로 노동자들을 착취하면서 자본가들에겐 수많은 혜택과 특권을 주었지요. 그러다

**정경유착**

정치인과 경제인들이 이익을 위해 옳지 못한 목적으로 서로 결탁하는 일입니다. 정치인들은 권력을 누리기 위해 자본가들에게 뇌물을 받고, 자본가들은 큰돈을 벌기 위해 정치인에게 뇌물을 바쳐 사업을 키워 나갔는데 이런 일을 정경유착이라고 불렀습니다.

**안하무인**

눈 아래에 사람이 없다는 뜻으로 남을 업신여기는 태도를 이르는 말입니다.

보니 사카린 밀수 사건과 같은 범죄가 일어났으며 **정경유착**이 뿌리를 내렸습니다. 한마디로 경제를 발전시킨다는 이유로 서민들을 짓눌렀고 인권과 복지를 완전히 무시했던 것입니다. 증인은 그런 정책을 펼치는 데 앞장섰던 것을 반성할 생각이 없습니까?

김관리    아니, 그렇다면 내가 박정희 정부의 앞잡이였다는 뜻입니까? 이 여자가 정말 듣자 듣자 하니까 못하는 말이 없어!

**판사**    증인은 묻는 말에만 답변하세요. 그리고 변호사에게 이 여자가 뭡니까?

김관리    그, 그건 내가 흥분하다 보니 헛말이 나온 것입니다.

**임예리 변호사**    증인이 그렇게 사람들을 **안하무인**으로 대하거나 성차별적인 발언을 스스럼없이 하는 것은 박정희 군사 정권의 영향 때문이 아닐까요?

김관리    그 질문에는 답변하지 않겠습니다.

**임예리 변호사**    저도 더 이상 질문할 내용이 없습니다.

# 경제 개발 5개년 계획

경제 개발 5개년 계획은 우리나라의 경제를 발전시키기 위해 추진한 경제 정책을 말합니다. 5년을 단위로 제1차~제4차(1962년~1981년)까지 20년 동안 이뤄졌으며, 제5차부터 제7차까지는 경제 사회 발전 5개년 계획으로 이름이 바뀌어 추진되었습니다.

1950년대 초반, 우리나라는 6·25 전쟁의 상처를 극복하고 폐허가 된 국토를 개발하기 위해 많은 노력을 기울였습니다. 그 결과 이승만 정부 때는 경제 개발 3개년 계획이 만들어졌고, 4·19 혁명에 따라 세워진 민주당 정권은 1962년부터 1966년까지 추진할 경제 개발 5개년 계획을 만들기도 했습니다. 그 뒤 박정희 군사 정부가 이 계획을 다듬어 1962년부터 5년 단위로 경제 개발 5개년 계획을 추진했던 것입니다.

**제1차 경제 개발 5개년 계획(1962년~1966년)** 이 시기에는 전력, 석탄 등의 에너지원과 기간 산업을 늘리며 사회 간접 자본을 쌓아 경제 개발의 밑바탕을 마련하는 것을 목표로 정했습니다. 이때 농업 소득과 수출이 크게 늘어났습니다.

**제2차 경제 개발 5개년 계획(1967년~1971년)** 이 시기에는 식량을 자급하고 산림을 푸르게 가꿨으며 화학, 철강, 기계 공업 등을 발전시켜 산업을 고도화하는 것을 목표로 삼았습니다. 이 시기에 전태일은 평화시장 봉제 공장의 임금 노동자로 일하면서 노동 운동을 벌였습니다. 또한 이 시기에는 베트남 전쟁에 국군을 파병하여 비싼 외화를 벌어들여 한국 경제가 더욱 눈부시게 발달했습니다.

**제3차 경제 개발 5개년 계획(1972년~1976년)** 이 시기에는 중화학 공업화를 추진하여 안정적인 균형을 이룩하는 데 목표를 두었습니다. 그런데 국제 경제 질서가 혼란해진 데다 1973년 10월에는 제1차 석유 파동(오일쇼크)이 일어나 세계 경제가 위기에 빠졌습니다. 박정희 정부는 이런 위기를 극복하면서 연평균 10퍼센트 가까운 경제 성장률을 기록해 세계의 주목을 받았습니다.

**제4차 경제 개발 5개년 계획(1977년~1981년)** 이 시기에는 자력 성장 구조를 확립하고 사회 개발을 통하여 형평을 증진시키며, 기술을 혁신하고 능률을 향상시키는 것을 목표로 삼았습니다. 그 결과 1977년에는 역사상 처음으로 총 수출액이 100억 달러(2011년 총 수출액은 5,565억 달러)가 넘었지요. 하지만 물가가 가파르게 오르고 부동산 투기 열풍이 분 데다 1979년에는 제2차 석유 파동까지 겹쳐 위험한 고비를 맞았고, 1980년에는 경제 개발 5개년 계획을 추진한 후 처음으로 마이너스 성장을 하기도 했습니다.

왜 전태일은 바보회를 만들었을까?

# 2

# 아버지의
# 사업 실패와 가출

**임예리 변호사**　　재판장님, 저는 피고의 성장 과정을 알아보기 위해 다시 피고의 진술을 듣고자 합니다.

**판사**　　인정합니다.

**임예리 변호사**　　방금 피고의 아버지가 사기를 당한 뒤 길거리에 나앉게 되었다고 했습니다. 그때부터 피고가 신문팔이를 하며 돈을 벌었던 것인가요?

**전태일**　　당시 아버지와 어머니는 다시 일어설 수 없을 정도로 큰 타격을 받았습니다. 그런데 아버지와 거래하던 상인들이 우리 가족의 딱한 소식을 듣고 조금씩 돈을 거둬 보태 주었습니다. 그래서 우리 가족은 판잣집 셋방 한 칸을 얻어 여섯 식구가 살았지요. 나는 그때 남대문초등공민학교에서 남대문초등학교로 전학했을 때였는데 밥을 먹는 날보다 굶는 날이 훨씬 많았습니다.

하루는 학교를 마치고 집에 가는 길에 신문팔이 소년을 보았습니다. 나는 '우리 집이 가난해졌으니 나라도 열심히 일해 부모님께 용돈을 보태 드려야겠다. 남들 다 하는 일인데 내가 못할 일이 어디 있어?' 하는 생각이 들었습니다. 그래서 신문 보급소를 찾아가 일거리를 얻었지요. 그런데 신문팔이는 생각보다 훨씬 힘든 일이었습니다. 학교에 결석하는 일이 잦았고 결국 4학년 때 중퇴를 하게 되었습니다.

**임예리 변호사**  피고의 일생을 다룬 책, 『전태일 평전』을 보니 동대문시장에서 장사를 하기도 했더군요.

**전태일**  우리 가족의 생활은 점점 어려워져서 나중엔 용두동 개천가에 들어선 천막촌에서 지냈습니다. 그곳엔 가난한 사람들이 모여서 만든 천막집들이 다닥다닥 붙어 있었는데 우리 가족도 다른 천막집들 사이에 천막집을 짓고 살았어요. 그때는 아버지가 걸핏하면 술에 취해 어머니와 다퉜고 어머니는 병을 얻어 꼼짝도 못하는 지경이었지요. 나는 여섯 가족의 생계를 책임지겠다는 생각으로 동대문시장의 한 가게에서 삼발이, 솥, 조리, 빗자루 등을 외상으로 구입해 동생 태삼이와 팔러 다녔습니다. 삼발이를 50원에 샀다면 60원에 팔고 10원의 이익을 남기는 식이었지요. 하지만 장사가 잘 안 되어 나날이 갚아야 할 돈이 늘어났습니다. 그렇다고 부모님께 말씀 드릴 수도 없었지요. 여러 날 고민하던 나는 그만 도망을 치고 말았어요.

**나대로 변호사**  빚을 졌으면 더욱 열심히 일해서 갚아야지 왜 도망을 칩니까? 기록에 보면 피고는 어려서부터 여러 번 가출한 경험이

왜 전태일은 바보회를 만들었을까?

있더군요.

**전태일**　　　지금 생각해 보면 후회가 되지만 그땐 부모님이 걱정하실 걸 생각하자 도망칠 수밖에 없었어요. 나 변호사도 생각해 보세요. 부모님을 도우려고 나름대로 열심히 장사를 했는데 그 일로 빚을 떠안게 되었으니 얼마나 면목이 없습니까?

**임예리 변호사**　　　저는 그 마음을 얼마든지 이해할 수 있지만 이기적인 나 변호사는 잘 모를 겁니다. 그래서 피고는 처음으로 가출하게 되었습니까?

**전태일**　　　그렇습니다. 어느 날 문득 집을 나가기로 결심한 나는 아침부터 하루 종일 걸어서 영등포를 지나 수원까지 갔습니다. 그리고 다음 날 수원 역에서 몰래 기차를 타고 대구에 도착했지요.

**나대로 변호사**　　　몰래 기차를 탔다는 것은 무임승차를 했다는 뜻입니까?

**전태일**　　　돈이 없었으니 무임승차를 할 수밖에요. 오죽하면 서울에서 수원까지 걸어갔겠습니까?

**나대로 변호사**　　　아무튼 피고는 어려서부터 도덕심이라든가 양심 같은 게 없었군요.

**전태일**　　　나 변호사 같은 분은 나처럼 살아 본 적이 없으니 그런 소리 할 수 있는 겁니다. 입장을 바꿔서 나 변호사도 주머니에 한 푼도 없이 며칠씩 굶어 보세요. 과연 도덕과 양심을 지킬 수 있는지…….

**임예리 변호사**　　　나 변호사의 발언은 무시해도 괜찮습니다. 피고가 대구로 간 것은 그곳에 큰집이 있었기 때문이지요?

**전태일**　그렇습니다. 나는 대구 역에 내려 근처에 있는 큰집을 찾아 갔습니다. 물론 그땐 무작정 가출했다는 말을 할 수가 없었습니다. 큰 아버지는 내가 그냥 놀러 온 줄 알고 며칠 뒤 차비를 주시면서 "이젠 서울에 올라가 보거라. 부모님께 안부도 전해 드리고……" 하시더군요. 그때만 해도 용기를 내어 집으로 갈 생각이었지만 막상 서울 역에 도착하니 부모님을 뵐 엄두가 나지 않았어요.

**임예리 변호사**　그래서 다시 거리를 떠돈 것인가요? 나중엔 부산까지 갔었다면서요?

**전태일**　맨손으로 집에 돌아갈 수 없어서 처음에는 신문팔이를 하면서 며칠 지냈습니다. 밤에는 길거리에서 신문지를 덮고 잠을 잤고요. 그랬더니 자꾸만 순경들이 와서 파출소로 잡아가는 겁니다. 그때 나는 구두닦이 통을 가지고 있으면 잡혀가지 않는다는 이야기를 듣고는 신문팔이 대신 구두닦이를 하기로 했습니다. 하지만 구두닦이들은 저마다 활동하는 구역이 정해져 있어서 남의 구역을 넘보다가 들키기라도 하면 죽도록 얻어맞고는 했지요. 그래서 구두닦이 통을 메고 다니기는 했지만 다른 아이들 눈치를 보느라 돈을 벌 수가 없었습니다. 그런 생활을 1년쯤 하다가 친하게 지내던 구두닦이 친구와 부산으로 내려갔어요.

**임예리 변호사**　그렇다면 대구에서 서울로 간 뒤에도 1년 넘게 가족들과 헤어져 있었던 셈이군요. 부산으로 내려가선 구두닦이를 제대로 할 수 있었나요?

**전태일**　웬걸요. 부산 역에 도착해 우리가 구두닦이 통을 내려놓

　왜 전태일은 바보회를 만들었을까?

자 어느 틈엔가 그곳 토박이 구두닦이들이 몰려들어 구두닦이 통을 빼앗고 마구 때렸습니다. 그때 나는 함께 갔던 친구와 헤어져 영도 쪽으로 달아났어요. 사실 부산에 내려간 것은 어렸을 때 가족이 행복하게 지냈던 추억이 그리웠기 때문입니다. 아버지는 양복점을 운영하느라 바쁘셨지만 나는 학교에 들어가기 전이라 아무런 걱정 없이 뛰놀았거든요. 그래서 영도를 찾아가 추억을 떠올리며 영도 다리와 바닷가를 물끄러미 바라보았습니다. 그때 그곳에서 뜻밖의 사고도 있었지요.

**고갱이**
풀이나 나무 줄기 한가운데에
있는 연한 심을 말합니다.

**검표**
담당 사무원이 차표, 배표, 비행
기 표 따위를 검사하는 것을 일
컫는 말입니다.

**임예리 변호사**　　　뜻밖의 사고라니 어떤 일이 일어났나요?

**전태일**　　　나는 부산행 기차를 타기 전부터 사흘 동안 굶
어서 기운이 없었고 머리가 어지러웠어요. 그런데 내가 살
았던 영도를 둘러보고 바닷가 방파제 앞에 섰을 때 양배추
**고갱이**가 바다에 둥둥 떠다니는 게 보였습니다. 순간 나
는 '오직 저것을 먹어야겠다'는 본능밖에 없었지요. 그래
서 아무 생각 없이 바다로 뛰어들었는데 바닷물이 너무 깊어 온몸이
잠겼습니다. 나는 속으로 '아, 이젠 죽었구나. 나 전태일은 이 세상에
태어나 열네 살의 나이로 죽는구나. 어머니, 아버지, 사랑하는 동생
들아 안녕' 하고 말했습니다. 그런데 얼마 후 한 어부에게 구출되어
정신을 차리고 보니 모래사장에 길게 누워 있었습니다. 여러 사람들
이 나를 빙 둘러싼 채 혀를 차기도 하고 돈을 던져 주기도 했지요. 그
돈을 모두 모아 보니 30~40원 정도 되었어요.

**임예리 변호사**　　　그래서 다시 서울로 올라갔나요?

**전태일**　　　나는 겨우 끼니를 해결한 다음 서울로 돌아가기로 결심했
어요. 그러나 서울까지 갈 차비가 없어서 다시 무임승차를 해야만
했습니다. 어둠을 틈 타 부산 역 주변의 철조망을 넘었습니다. 그런
다음 부산 역 뒤 하수도 공사용 수로관 속에 몸을 숨기고 있다가 이
튿날 새벽 네 시에 출발하는 서울행 기차를 탔습니다.

　　　기차가 얼마쯤 달렸을 때 **검표**를 하는 승무원이 나타났어요. 나는
재빨리 의자 밑으로 몸을 낮춘 뒤 한 할머니 발쪽으로 기어 들어갔
는데 그 할머니가 치마로 날 덮어 주어 승무원에게 들키지 않고 무

사히 넘길 수 있었습니다. 바짝 긴장했던 나는 승무원의 모습이 보이지 않자 그만 깜빡 잠이 들었지요. 그리고 사람들이 웅성거리며 내리는 소리를 듣고는 직감적으로 잠이 깨어 밖으로 나갔습니다.

**임예리 변호사**    서울에 도착한 것인가요?

전태일    아니요. 부산 역에서 탔던 그 열차는 서울행이 아니라 경북 영천행이었습니다.

**임예리 변호사**    뜻하지 않게 영천 역에 도착한 것이군요.

전태일    그렇습니다. 나는 승강장을 빠져나와 대합실에서 서울행 기차를 기다리기로 했습니다. 서울행 기차는 몇 시간 기다려야 했지요. 그래서 대합실 나무 의자에 누워 있다가 한 아주머니가 떨어뜨린 100원짜리 지폐 뭉치를 발견했습니다. 나는 앞뒤 생각할 것도 없이 그 돈 뭉치를 집어 들고는 대합실을 빠져나와 근처에 있던 식당으로 달려갔습니다. 거기에서 떡 두 접시를 단숨에 먹어 치운 뒤 값을 치르고서야 비로소 돈을 잃어버렸을 아주머니 생각이 났습니다. 나는 남아 있는 돈이라도 돌려드리는 게 옳다고 여겼으면서도 530원이나 되는 돈에 욕심이 생겼습니다.

**나대로 변호사**    다시 양심을 속이고 도둑질을 했군요. 피고는 아무리 어려운 사정이었다고 해도 그 돈을 주인에게 돌려주어야 했습니다. 그게 인간의 도리가 아닌가요?

전태일    나도 그렇게 생각합니다.

**임예리 변호사**    나 변호사는 아까부터 성인군자와 같은 말씀만 하고 있군요. 하지만 당시 피고의 처지로는 그런 생각을 할 겨를이 없

**장 발장**
프랑스 작가 빅토르 위고의 장
편 소설 『레 미제라블』에 등장
하는 주인공 이름입니다.

었다는 걸 모르시겠어요? 나 변호사는 사흘 굶어 도둑질
안 할 사람이 없다는 속담도 들어 보지 못했습니까? 하긴
살면서 단 한 끼도 굶어 본 적이 없었을 테니 피고의 심정
을 어찌 알겠습니까?

**나대로 변호사**    그렇다고 도둑질을 하는 게 옳다는 말인가요? 법률
가의 자질이 의심스럽군요.

**임예리 변호사**    당시 피고는 법과 양심을 지키는 것보다 자신의 생
명을 구하는 게 우선이었습니다. 그때 주운 돈을 주인에게 돌려준다
면 가족의 품으로 돌아갈 수도 없었을 것입니다. 그런 피고가 그 돈
을 가졌던 것은 법을 어긴 게 분명하지만 그렇다고 무조건 비난할
수는 없습니다. 나 변호사야말로 동정심이라는 걸 느끼는지 궁금합
니다.

**판사**    두 변호사의 논쟁을 듣고 있자니 빵 한 조각을 훔친 죄로
19년이나 감옥살이를 했던 장 발장이 생각나는군요. 법과 인간의
생존 본능 중 어느 것을 중요하게 여겨야 할지는 다음 기회에 토론
하기로 하고 지금은 피고의 성장 과정에 대해 계속 들어 봅시다. 서
글픈 어린 시절을 보내야 했던 피고의 이야기를 듣다 보니 나도 청
소년 때가 생각나는군요.

**나대로 변호사**    그건 재판장님도 불우한 어린 시절을 보내셨다는
뜻인가요?

**판사**    나 변호사는 남의 말을 멋대로 해석하는 버릇이 있군요. 나
는 피고의 진술을 들으면서 부모님을 잘 만나 공부에만 전념했던 내

가 얼마나 행복한 사람인지 생각했습니다. 그래서 피고에게 미안한 마음을 가지게 되었다는 말입니다.

**임예리 변호사** 역시 재판장님은 존경스럽습니다.

**판사** 고맙군요. 임 변호사는 계속 신문하세요.

**임예리 변호사** 피고는 뜻밖에 큰돈을 주워 떡을 사 먹었다고 했습니다. 그 다음엔 무슨 일을 했습니까?

전태일 영천 역 주변에서 몇 시간 동안 서성거리다가 대구행 기차를 탔습니다. 대구 역에 도착한 나는 대구 근교에 있는 외갓집으로 가려고 했지요. 그래서 떡을 사 먹고 남은 돈으로 반바지와 남방 셔츠, 검정색 운동화를 사 신고는 그날 밤 늦게 외갓집으로 갔습니다. 그때 외할머니께서 나를 와락 껴안으시고는 한참이나 우셨습니다. 내가 가출한 지 1년이 넘었을 때라 친척들 모두가 그 사실을 알고 있었던 겁니다. 외할머니는 "니가 부모를 잘못 만나 이 무슨 고생이고?" 하시더니 "내일 아침에 너희 집으로 가자. 네 부모님들도 지금 대구에 내려와 살고 계신다"라고 하셨지요.

**임예리 변호사** 그때 기분이 어땠습니까?

전태일 순간 깜짝 놀랐습니다. 부모님이 대구로 내려온 것과 내가 대구의 외할머니 댁으로 찾아간 게 모두 운명처럼 느껴졌습니다. 그래서인지 전 같았으면 부모님을 뵙는 게 두려웠을 텐데 그때 보고 싶고 그립기만 했어요. 그래서 날이 밝기를 기다리며 뜬눈으로 밤을 지새웠습니다. 이튿날 아침, 외할머니를 따라 부모님이 사는 집으로 가자 아버지는 아무 말 없이 머리를 쓰다듬으시며 뜨거운 눈물을 흘

리시더군요. 어머니는 말할 것도 없었고요. 그때 부모님들은 친척들의 도움으로 대구에 허름한 집을 마련하고 재봉틀을 사들여 전처럼 옷을 만들고 계셨어요. 서울의 천막촌에서 살 때와는 달리 안정적인 생활을 하고 계셨던 겁니다. 나는 그 모든 게 너무나 기쁘고 고마워 열심히 집안일을 돕기로 다짐했습니다. 이듬해인 1963년에는 내가 열다섯 살이 되는 해였는데 그때 잊을 수 없는 추억도 생겼지요.

**임예리 변호사**　　다시 학교를 다니게 되었군요?

전태일　　그렇습니다. 초등학교를 잠깐 다녔던 나는 또래 아이들이 교복을 입고 학교에 다니는 모습이 그렇게 부러울 수가 없었죠. 그러던 어느 날, 어머니가 "너 청옥고등공민학교에 다녀 볼래?"하고 물으시더군요. 그 말을 듣는 순간 나는 꿈을 꾸는 게 아닐까 싶을 정도로 기뻤습니다. 고등공민학교는 사정이 있어 중학교에 진학하지 못한 아이들을 가르치는 교육 기관이었어요. 그래서 같은 반 아이들은 일반 중학교 학생들보다 나이가 많을 뿐만 아니라 대부분 공장 같은 곳에 다니고 있었지요. 그러다 보니 공장에서 퇴근한 뒤 저녁에 수업을 시작하는 야간 학교로 운영되었습니다. 나는 학업에 대한 열정이 컸기 때문에 청옥학교를 다니던 7개월 남짓한 시기가 가장 행복하고 즐거웠어요. 체육 대회를 앞두고 새벽처럼 일어나 청옥학교 친구들과 연습하던 일이며 소풍을 갔을 때의 일을 생각하면 지금도 행복합니다. 참, 체육 대회를 앞두고 아버지가 나와 친구들의 체육복까지 만들어 주시면서 1등 하라고 격려해 준 적도 있었지요.

**임예리 변호사**　　그런데 왜 청옥학교에서는 3년 과정을 마치지 못했습니까?

**전태일**　　청옥학교에 입학하던 해 겨울, 아버지가 학교를 그만두라고 다그쳤기 때문입니다. 당시 우리 가족은 아버지가 주문받은 옷을 만들어 납품하는 것으로 생계를 겨우 이어 나갔습니다. 그러다 보니 아버지는 장남인 내가 야간 학교를 다닌다고 몇 시간씩 빠지는 것을 아깝게 생각하셨어요. 그만큼 일손이 부족했거든요. 아버지는 "넌 앞으로 학교는 그만두고 본격적으로 재봉일이나 배워라. 네 나이가 지금 열다섯 살인데 공부를 해서 출세하기는 틀리지 않았느냐? 그러니 기술이나 익혀서 부지런히 돈을 버는 게 낫다"고 하시며 학교를 그만두라고 하셨지요.

**임예리 변호사**　　친구들의 체육복까지 만들어 주신 아버지가 그런 말을 했을 때 피고는 실망이 컸겠군요.

**전태일**　　눈앞이 캄캄해지는 느낌이었어요. 한창 사춘기였던 나는 '왜 가난한 집안에서 태어나 공부도 마음껏 할 수 없는 것일까?'라는 생각이 들더군요. 그래서 결국 불만이 폭발했습니다. 나는 아버지에게 "제가 이 늦은 나이에 학교마저 다닐 수 없다면 무슨 희망으로 살 수 있겠습니까? 저는 돈을 벌거나 출세를 하려고 학교를 다니려는 게 아닙니다"라며 대들었습니다. 그럴 때마다 아버지는 욕설을 퍼붓고 매질을 해 댔지요.

**임예리 변호사**　　그래서 다시 가출을 하셨나요?

**전태일**　　나는 어떻게든 내 힘으로 공부를 하겠다고 다짐했어요. 그래서 어느 추운 날 동생 태삼이와 함께 서울로 올라갔지만 사흘

만에 대구로 돌아갔습니다. 우리 형제가 서울에서 발붙일 곳이 없었기 때문이었죠. 그로부터 얼마 뒤 1964년 새해가 되자 어머니가 돈을 벌어 오겠다며 집을 나가셨습니다. 그러자 나도 아버지와 함께 지낼 수는 없다고 생각해 막내 동생 순덕이를 업고 다시 서울로 갔지요.

# 3

# 평화시장
# 노동자가 되다

**임예리 변호사**　　재판장님, 저는 이쪽에서 피고의 어머니이신 이소선 여사를 증인으로 신청합니다.

**판사**　　인정합니다. 증인은 출석해 증인 선서를 해 주십시오.

증인이 증인 선서를 마치자 임예리 변호사가 신문을 시작했다.

**임예리 변호사**　　뵙게 되어 영광입니다. 증인은 이 세상의 누구보다 피고의 생애에 대해 깊이 아시고 피고에게 깊은 영향을 주신 분으로 알려졌습니다. 인권 변호사로 추앙받고 있는 조영래 변호사는 피고의 생애를 기록한 『전태일 평전』에서 "어머니 이소선 씨는 연약한 몸이었지만 매우 명석한 두뇌와 강인한 정신을 가진 사람이었다"라고 하면서 "특히 그녀는 자식들을 올바른 사람으로 키우기 위해 매우 엄한 교육을 하였다"라고 했더군요.

**이소선**　나도 그 내용을 기억합니다. 하지만 내가 태일에게 영향을 주었다기보다 오히려 내가 태일에게 영향을 받았다는 게 정확한 말이 아닐까 합니다.

**임예리 변호사**　증인은 1986년부터 전국민주화운동 유가족협의회 회장을 맡으셨고, 무엇보다 '1000만 노동자의 어머니'로 추앙받으셨는데 그것도 아드님이 남긴 영향이라고 볼 수 있겠군요.

**이소선**　태일이가 내게 신신당부한 말 때문입니다.

**임예리 변호사**　아까 피고는 증인이 1964년 1월 초에 돈을 벌기 위해 집을 나갔다고 했습니다. 그 뒤 피고가 막내 여동생 순덕이를 업고 증인을 찾아 서울로 가는 바람에 가족들이 뿔뿔이 흩어지게 되었습니다. 증인은 당시 반드시 집을 나가야만 했었나요?

**이소선**　남편의 사업이 계속 실패하면서 우리 가족에겐 더 이상 희망이 없었지요. 남편이 술에 취해 돌아와 가족들에게 행패를 부리는 걸 참을 수도 없었고요. 그래서 태일이와 태삼이에게 동생들을 잘 돌보라고 타이른 뒤 돈을 벌기 위해 집을 나갔던 것입니다. 아이들을 두고 간 게 옳은 결정은 아니었지만 당시 형편으로는 어쩔 수가 없는 선택이었지요.

**임예리 변호사**　그 뒤 증인은 피고 전태일과 극적으로 만나게 되었지요?

**이소선**　태일이는 서울로 상경한 뒤 일거리를 얻고 한편으론 나를

찾을 작정이었어요. 그런데 아무것도 모르는 어린 순덕이가 걸림돌이었지요. 처음 며칠 동안은 순덕이를 업고 다니며 일거리를 찾았지만 순덕이가 자꾸 울고 일도 얻지 못하자 태일이는 하는 수 없이 순덕이를 서울시에서 운영하는 보육원에 맡겼어요. 그리고 신문팔이, 구두닦이 등을 하면서 나를 찾아다녔습니다. 그러다가 남산 주변에 살던 내 친구를 통해 마침내 내가 일하는 곳까지 찾아왔지요. 그때의 감격과 기쁨은 이루 말할 수가 없었습니다. 역시 가족은 함께 살아야 한다는 것을 절실하게 느꼈습니다.

**임예리 변호사** 다른 가족들과 만나게 된 과정도 굉장히 감동적이더군요.

이소선      태일이와 만난 뒤에도 월세방 한 칸 구할 돈이 없었기 때문에 서로 떨어져 살아야 했습니다. 그때 나는 건강이 좋지 않았지만 이를 악물고 일했고, 태일이도 구두닦이와 신문팔이, **아이스케이크** 장사, 우산 장사 등 닥치는 대로 일했어요. 우리는 각자 열심히 일해 방을 구하고 온 가족이 다시 만나 모여 살자고 다짐했습니다.

그런데 어느 날 태일이가 남대문시장에서 구두를 닦다가 그곳에서 거지 아이들과 놀고 있던 태삼이를 발견했어요. 태일이가 막내 순덕이를 데리고 서울로 올라온 뒤 태삼이와 순옥이는 대구에 남아 남편과 함께 지냈습니다. 그런데 태삼이도 남편의 술주정을 견디지 못해 무작정 서울로 올라왔다가 남대문 주변에서 태일이를 만났던 것이죠. 그때부터 태일이는 태삼이를 데리고 다니면서 더욱 열심히 일했고 우리는 마침내 방 한 칸을 얻었습니다. 태일이 아버지와 순옥이, 보육원에 맡겼던 순덕이도 데리고 와서 여섯 식구가 다시 한 집에서 지낼 수 있었습니다.

**임예리 변호사**      여섯 식구가 방 한 칸에서 함께 살았다니 무척 비좁고 불편했겠군요.

이소선      지금으로선 상상할 수도 없겠지만 당시엔 그렇게 사는 사람들이 많았답니다. 무엇보다 뿔뿔이 흩어졌던 가족들이 다시 만나 함께 살게 된 게 기쁘고 감사했어요. 그 무렵, 나는 주변 사람들의 권유로 교회에 다니기 시작했는데 모든 게 하나님의 뜻이며 섭리가 아닐까 싶었답니다.

**임예리 변호사**　　피고가 평화시장의 봉제 공장에서 일하게 된 것도 그 무렵인가요?

**이소선**　　그건 가족들이 함께 살기 전의 일입니다.

**임예리 변호사**　　어떻게 봉제 공장에 들어가게 된 것인가요?

**이소선**　　1964년 봄, 태일이가 태삼이를 데리고 구두닦이 등을 하며 돈을 벌 때였어요. 하루는 평화시장 주변을 지나다가 '**시다** 구함'이라는 광고를 보게 되었답니다. 태일이는 그 순간 마음에 끌리는 게 있었는지 집으로 돌아가서 몸을 깨끗이 씻고 이튿날 광고지를 붙여 놓은 학생복 맞춤집을 찾아갔어요. 그러고는 쉽사리 시다로 취직이 되었지요.

**임예리 변호사**　　시다라는 게 일어 아닌가요?

**이소선**　　당시 봉제 공장이나 건설 현장 같은 데서는 그런 일본어를 많이 썼는데 나도 습관이 되다 보니 그만…… 봉제 공장의 시다는 미싱사나 숙련된 기술자를 보조하는 일을 했습니다.

**나대로 변호사**　　'시다'에 대해선 제가 설명하겠습니다. 본래 시다는 일본어 '시타바타라키'에서 온 말인데 그것을 줄여서 '시다바리'라고 했으며 더 간단히 줄여 시다라고 부르게 된 것입니다. 시다란 남의 밑에서 일하는 조수라는 뜻인데, 영화 〈친구〉에서 "내가 니 시다바리가?"라는 대사가 한때 크게 유행한 적도 있지요.

**임예리 변호사**　　누가 나 변호사한테 물어봤나요? 아무 때나 나서서 잘난 척하기는…….

**이소선**　　시다라는 말에 그런 내력이 있는 줄은 나도 오늘 처음 알

**시다**
남의 밑에서 일을 하는 사람을 가리키는 일본어 '시타바타라키'를 줄여서 속되게 표현한 말입니다.

평화시장에서 미싱사 보조로 취직했을 때의
동료들과 전태일(뒷줄 가운데)

았군요. 아무튼 태일이가 미싱사 시다, 아니 미
싱사 보조로 취직되었다는 소식을 듣고 나는 여
간 기쁘지 않았습니다. 그때까지 ▶태일이는 온
갖 밑바닥 생활을 거쳤지만 미싱사 보조로 월급
쟁이 생활을 시작하면서 생활에 큰 변화가 생긴
셈이지요.

**임예리 변호사**　　떠돌이 장사꾼 청소년이 꼬박
꼬박 월급을 받는 임금 노동자가 되었으니 인생
의 중요한 전환점이 되었을 것입니다. 제 질문
은 이것으로 마칩니다.

**판사**　　나대로 변호사, 반대 신문할 게 있으면
하십시오.

**나대로 변호사**　　증인은 아들 전태일로부터 노동 운동에 관한 영향을
많이 받았다고 하셨습니다. 그러나 『전태일 평전』에 따르면 "경찰이
판자촌을 철거하거나 광주리 행상들을 거리에서 몰아낼 때에 그녀(이
소선)가 앞장서서 동료들을 규합하여 경찰과 싸운 일이 여러 번이었
고, 그러다가 한번은 사흘 동안 경찰서 유치장에 갇힌 일도
있었다"는 내용이 있습니다. 이런 기록으로 미뤄 볼 때 피고
가 노동 운동을 했으며 끝내 분신을 하는 등 극단적인 행동
을 서슴지 않았던 것은 증인의 영향 때문이 아닌가요?

**이소선**　　옳지 않은 일이나 인간이 인간을 차별하는 일을
보고 참지 못한 것은 내 영향을 받은 게 분명합니다. 하지

교과서에는

▶ 가난 때문에 학교를 제대
로 다닐 수 없었던 전태일
은 16세 무렵부터 동대문
평화시장에서 미싱사 보조
로 일하게 되었습니다.

만 내 행동이나 저항은 한계가 있는데 비해 태일이는 자기의 몸을 불살라 수많은 노동자들을 구하려고 했지요. 이와 같은 거룩한 희생 정신에 오히려 내가 영향을 받았습니다.

**나대로 변호사**　　아무튼 피고가 모든 사업주들, 자본가들을 악덕 기업가라고 여기게 된 것은 증인의 잘못된 자식 교육 때문이라고 생각되는군요.

이소선　　그건 나 변호사님이 뭔가 잘못 알고 계신 것 같군요. 태일이는 정부나 기업가들에게 무조건 저항하고 그들 모두를 부도덕한 사람으로 비난한 게 아니었습니다. 태일이가 정부와 자본가, 기득권층에게 요구한 것은 그들이 만들어 놓은 근로 기준법을 지켜 달라는 것이었습니다. 법은 만인 앞에 평등하다는 말이 있는데 왜 자본가들은 법을 지키지 않고 오히려 큰소리를 치는지 모르겠군요.

**나대로 변호사**　　모든 자본가들이 다 그런 건 아닙니다. 저의 반대 신문은 이것으로 마치겠습니다.

**판사**　　증인은 자리로 돌아가셔도 됩니다. 오늘 재판에서는 평화시장 노동자였던 피고 전태일의 성장 과정과 불우한 환경, 그리고 평화시장의 미싱사 보조로 취직할 때까지의 과정을 살펴보았습니다. 다음 재판에서는 피고가 노동 운동에 관심을 갖게 된 배경과 과정에 대해 알아보겠습니다. 이것으로 오늘 재판을 마치겠습니다.

　　땅, 땅, 땅!

# 옷 한 장이 완성되는 과정

　　전태일이 활동하던 무렵, 동대문과 청계천 주변에는 평화시장 등 새로 지어진 건물마다 봉제 공장이 수백 개씩 들어섰으며, 주변의 작은 건물과 주택의 지하 창고 등에도 크고 작은 봉제 공장이 수없이 많았습니다. 봉제 공장들은 대부분 영세한 자본으로 출발하여 2~3년 안에 사업의 규모가 매우 커지고는 했는데 그만큼 동대문, 청계천 주변에서 생산된 옷에 대한 수요가 많았기 때문입니다. 옷이 만들어지기가 무섭게 팔려 나갔으니 사업주들은 적은 돈을 투자해 많은 이익을 남기려 했고, 그러다 보니 노동자들은 최소한의 임금만 받으며 하루 13~16시간씩 일해야 했습니다.

　　그렇다면 대부분의 봉제 공장들은 어떻게 운영되었으며 그곳 노동자들의 생활은 어땠을까요? 한 장의 바지나 티셔츠, 점퍼 등을 만들기 위해서는 복잡한 과정과 여러 사람의 손길을 거쳐야 합니다. 바지를 예로 들어보겠습니다.

　　먼저 어떤 형태로 만들 것이며 계절에 따라 옷감의 재료를 결정합니다. 거기에 맞춰 옷감을 구입한 다음, 옷감을 넓고 평평한 재단판 위에 올려놓고 사이즈별로 디자인한 바지의 모양을 그립니다. 그런 다음 재단사가 가위나 재단기로 옷감을 잘라 미싱사에게 옷감을 넘깁니다.

　　미싱사는 재단된 옷감을 재봉틀로 박아 본래의 디자인대로 모양을 만들어 내는데 이때 미리 잘라 놓은 호주머니, 벨트 고리, 지퍼, 단추 등도 답니다. 그리고 마지막으로 실밥 등을 깨끗이 정리한 다음 다리미로 주름을 펴 주면 한

장의 바지가 완성됩니다.

　이런 과정을 모두 거치려면 디자이너, 마카사(재단을 하기 전 미리 정해진 디자인을 천에 그리는 사람), 재단사, 미싱사, 다리미사 등이 필요하며 그 밖에 재단사와 미싱사를 도와 자질구레한 심부름을 하는 보조들이 필요합니다.

　하지만 1960년대 후반, 평화시장 주변의 봉제 공장에서는 재단사와 미싱사 및 보조 직공들이 디자이너와 마카사, 다리미사 등이 하던 일을 모두 처리했습니다. 좁고 어두침침한 데다 바람마저 잘 통하지 않는 작업장에서 하루 평균 14시간 이상 일하면서 복잡한 과정을 처리했지요.

**다알지 기자**

　　노동 운동가 전태일 사건을 다루는 첫 번
째 재판이 끝났습니다. 이번 재판은 박정희 정
권 때 큰 재산을 모은 자본가가 평화시장의 재단
사였던 전태일을 고소하면서 시작되었습니다. 원고 자본가는 아직도
돈이면 다 되는 줄로만 알고 있어서 안타까움을 자아냈는데요, 정말 열
심히 노력하고 성실하게 일해서 큰 재산을 모은 대부분의 자본가들까
지 욕먹이는 행동이 분명합니다. 마침 원고가 법정을 나서는 모습이 보
입니다. 그럼 오늘 재판에 대해 원고의 소감을 먼저 들어 볼까요?

**자본가**

　여러분, 반갑습니다. 나는 오늘 재판을 지켜보면서 무척 지루했습니다. 기자님이 방금 소개한 것처럼 이번 재판은 내가 전태일에게 손해 배상을 청구하면서 시작된 겁니다. 그런데 재판장님은 피고인 전태일에게 초점을 두고 재판을 진행시켰어요. 그 일로 나와 나의 법적 대리인인 나대로 변호사는 발언 기회를 거의 얻지 못했습니다. 아니, 재판이 이렇게 편파적이어도 되나요?

　1960년대와 1970년대만 해도 어떤 줄 아세요? 그땐 물질만능주의가 거세게 일어나 돈으로 안 되는 일이 없었어요. 그런데 21세기의 역사공화국에선 그런 게 아무런 소용도 없다니 믿을 수가 없군요. 자꾸 이런 식으로 재판이 진행된다면 배심원들에게 돈을 마구 뿌려서 모두 내 편으로 만들어 버릴 겁니다. 여러분 중에서도 혹시 돈이 필요하면 나에게 연락하세요.

전태일

　　나는 배운 게 별로 없는 사람이지만 날 고소
한 자본가처럼 무식하지는 않습니다. 그건 여러분
들도 잘 알고 계실 거라 생각합니다.

　　오늘 재판은 내가 성장한 과정을 진술하는 것으로 진행되었습니다.
내가 두 살 때 6·25 전쟁이 일어났고 대여섯 살 때는 전쟁이 끝나고 복
구 사업이 한창이었어요. 그러니 대부분의 사람들이 우리 가족처럼 가
난했습니다. 그러나 우리 가족의 불행은 다른 가족들에 비해 훨씬 길
고 혹독하게 이어졌던 것 같군요. 그러다 보니 나는 여러 차례 가족들
과 헤어지는 아픔을 겪었고 그런 과정에서 학업에 충실하지 못한 것이
가장 안타깝습니다.

　　하지만 그런 가운데서도 나는 희망을 잃지 않고 열정을 품고 열심히
살려고 노력했지요. 이번 재판에서도 반드시 이길 수 있다는 믿음을 가
지고 성실하게 임할 겁니다. 여러분, 부디 많은 성원을 부탁합니다.

　　왜 전태일은 바보회를 만들었을까?

# 1960~1970년대에는
## 어떤 물건을 썼을까?

### 동차

작은 물건을 운반하는 기구로 사진 속 동차는 가로 90cm, 세로 75cm의 크기입니다. 나무틀이 있고 네 귀퉁이에 바퀴를 달았으며, 나무틀의 가로대에 끝을 묶어 끌수 있도록 했지요. 주로, 평지에서 돌이나 기와 등을 나르는 데 쓰였습니다. 우리나라에서는 수원성곽을 쌓을 때 192량의 동차를 만들어 썼다는 기록이 있으며, 1960년대까지도 물건을 운반하는 데 사용했습니다.

### 주판

더하기, 빼기와 같은 셈을 할 때 쓰는 계산기구인 주판은 오늘날의 계산기와 같은 역할을 했습니다. 네모난 틀의 위쪽에 칸을 막고 철사 등에 동그랗고 작은 나무알 등을 꿰어 놓은 것입니다. 위 칸에는 하나 또는 둘을, 아래 칸에는 네 개 또는 다섯 개를 꿰어 이것으로 계산을 합니다. 우리나라의 주판은 1920년 조선주산보급회가 생기면서 본격적으로 보급되었으며, 1950년대에는 상업 학교의 교육 과정에 주산 과목이 채택되어 교육이 장려되었지요.

### 대패

나무의 겉면을 매끈하게 하는 데 사용하는 연장인 대패는 나무와 금속으로 만들어졌습니다. 직육면체형의 작고 단단한 나무토막에 직사각형의 납작한 쇠 날이 위에서 아래 바닥까지 비스듬히 박혀 있는 것이 일반적인 모양이지요. 하지만 쓰임에 따라 여러 종류로 나누기도 합니다.

## 전화기

소리를 전파나 전류로 바꾸었다가 다시 소리로 바꾸어 멀리 떨어져 있는 사람이 서로 이야기할 수 있게 만든 기계가 바로 전화기입니다. 1960~1970년대 우리나라에도 전화기가 많이 사용되었는데, 사진 속 전화기는 자석식 전화기입니다. 탁상 전화기로 다이얼이 없는 것이 특징이지요. 전화기의 핸들을 돌리면 발전기가 돌면서 신호를 보낼 수 있습니다.

## 아이스케키통

꼬챙이를 끼워 만든 얼음과자인 아이스케이크를 흔히 '아이스케키'라고 잘못 불렀습니다. 아이스케키는 얼음을 넣어 차갑게 만든 통에 담아 판매했습니다. 1960년대 일자리를 구할 수 없었던 어린 아이들은 아이스케키 통이나 구두 닦이 통을 들고 다니며 아이스케키를 팔거나 구두를 닦아 돈을 벌었습니다.

출처: 부평역사박물관(www.bphm.or.kr)

# 전태일은 왜
# 노동 운동을 하게 되었을까?

1. 비참한 현장의 어린 여공들을 돕다
2. 근로 기준법에 눈을 뜨다
3. '골방서 하루 16시간 노동'을 고발하다

# 비참한 현장의
# 어린 여공들을 돕다

**판사**　오늘은 전태일 분신 사건에 대한 두 번째 재판입니다. 먼저 원고 측부터 진술하세요.

**나대로 변호사**　먼저 평화시장이 언제, 어떻게 만들어졌으며 1960년대와 1970년대에 평화시장이 어떤 의미를 가진 곳인지를 알아보는 게 좋겠습니다. 그 내력을 가장 잘 알고 있을 원고에게 질문하겠습니다. 평화시장에 대해 간단히 설명해 주시겠습니까?

**자본가**　평화시장은 서울의 청계천 6가에서 지금은 없어진 동대문운동장 쪽으로 이어진 3층 건물로 1961년에 완공되었습니다. 전국 최대 규모의 의류 전문 도매상가였으며, 시장 건물 2층과 3층에는 수백 개의 봉제 공장이 있었습니다. 다시 말해 2~3층에서 만들어진 옷들이 1층 도매상가를 통해 전국으로 유통되었던 것입니다.

**나대로 변호사**　평화시장이 청계천 주변에 자리 잡은 이유가 있습니까?

**자본가**　본래 평화시장이 들어서기 전 청계천은 서울시내의 대표적인 빈민촌으로 유명했습니다. 6·25 전쟁 때 북한 주민 수백만 명이 자유를 찾아 남한으로 내려왔는데 그들은 서울을 비롯해 전국 각지에 흩어져 살았습니다. 청계천도 그런 곳 중의 하나였습니다. 청계천은 **제방** 양쪽을 따라 무허가 판잣집들이 끝없이 이어졌습니다. 그러다 보니 생활환경이 열악했고 청계천에는 오물이 넘치고 악취가 진동했지요. 청계천 주변에 터를 잡은 북한 실향민들 중 약 60퍼센트는 집에 재봉틀을 마련하고 옷을 만들어 팔았습니다.

**나대로 변호사**　하지만 몇 년 뒤 청계천 복개 공사가 시작되어 판자촌과 봉제 공장들이 철거되었지요?

**자본가**　그렇습니다. 청계천과 동대문 주변은 서울의 중심에서 멀지 않은 곳인데 판자촌이 늘어서고 생활환경이 나빠 서울시는 청계천 바닥에 수천 개의 말뚝을 박고 콘크리트로 덮어 버리기로 했습니다. 청계천 복개 공사가 시작된 것이지요. 공사는 1961년에 끝났습니다. 청계천을 따라 널따란 공터가 생기자 옛날 판자촌이 있던 자리에 평화시장 건물이 들어선 것입니다. 주로 봉제 공장을 운영하던 실향민들이 새 건물에 입주했는데 하루빨리 남북통일이 되고 평화로운 시대가 오길 염원하는 뜻에서 평화시장이란 이름을 지었다고 합니다.

**제방**
물가에 흙이나 돌, 콘크리트 따위로 쌓은 둑을 말합니다. 홍수나 해일에 물이 넘어 들어오지 못하게 하거나 물을 막아 고이게 하지요.

**복개**
덮거나 씌우는 것을 일컫는 말로, 하천에 덮개 구조물을 씌워 겉으로 보이지 않도록 하는 것을 말합니다.

**나대로 변호사**　　평화시장이 들어선 뒤로 동대문과 청계천 주변에는 비슷한 건물들이 여러 개 세워졌지요?

**자본가**　　그렇습니다. 통일상가, 동화시장, 신평화시장 등이 잇따라 들어섰고, 그러자 그 지역은 전국 규모의 의류 시장으로 성장하게 되었습니다.

**임예리 변호사**　　이번에는 제가 묻겠습니다. 기록을 보면 1970년 전국 기성복 수요의 70퍼센트를 평화시장 등 청계천 주변의 봉제 공장에서 충족시켰다고 합니다. 정말 대단하네요. 원고는 평화시장 주변이 이처럼 전국적인 의류 시장으로 발전하게 된 원인이 어디에 있다

　　왜 전태일은 바보회를 만들었을까?

고 생각하십니까?

**자본가**　　우수한 기술력과 자본이 그 주변으로 몰렸기 때문이지요. 당시 지방 사람들은 옷을 살 때 서울에서 만들어진 제품을 최고로 손꼽았어요. 그러다 보니 부산, 대구, 인천, 광주 등 대도시는 물론 전국 각지의 상인들이 기차나 시외버스, 고속버스 등을 타고 청계천 주변의 도매 시장에서 옷을 사 갔습니다.

**임예리 변호사**　　그렇게 사업이 번창하던 곳이어서 처음엔 재봉틀 3~4대로 사업을 시작한 업주들이 불과 1~2년 사이에 사업 규모가 10배 이상으로 커진 거군요. 그래서 당시 업주들이 큰 부자가 된 것이고요?

**자본가**　　지방의 소매상들이 현찰을 들고 다니며 물건을 구입했고, 만들기만 하면 순식간에 팔렸으니 떼돈을 벌 수 있었습니다. 그렇다고 모든 업주들이 부자가 된 건 아닙니다.

**임예리 변호사**　　원고의 경우는 어느 쪽인가요?

**자본가**　　물론 부자가 된 경우입니다.

**임예리 변호사**　　그 말은 원고가 고용하고 있던 노동자들을 혹사시켰다는 말처럼 들리네요. 제가 가지고 있는 자료에 따르면 원고는 하루에 300벌 이상 옷을 생산해 그날 모두 판매한 것으로 되어 있군요. 옷 한 벌을 만들기 위해 수많은 공정과 일손이 필요하다는 것을 감안하면 피고를 비롯한 종업원들은 매일 혹사를 당한 게 분명합니다. ▶열악한 환경 속에서 장시간 일을 시켰지만 그에 비해 월급은

**교과서에는**

▶ 당시 평화시장에서 일하는 많은 노동자들은 햇빛이 들어오지 않고 공기도 잘 통하지 않는 작업장에서 하루 14시간 이상 일을 해 50원을 받았습니다. 50원은 당시 차 한 잔 값이었습니다.

쥐꼬리만큼 지불했습니다. 그렇지 않습니까?

**자본가**　이것 보세요. 그렇게 함부로 추측하여 내 인격을 모독하지 말아요. 무슨 근거로 내가 종업원들을 혹사시켰다는 겁니까?

**임예리 변호사**　여기 증거 자료가 있으니까 원고는 흥분하지 마시기 바랍니다. 이건 무슨 적반하장도 아니고……. 이번 재판을 통해 원고와 같은 자본가들이 노동자를 얼마나 가혹하게 대했는지 모두 밝혀질 테니 그때 가서도 큰소리칠 수 있는지 지켜보겠습니다.

**판사**　청계천 주변의 의류 시장들이 성장하게 된 배경을 듣고 보니 흥미롭군요. 지난번에 피고가 평화시장의 임금 노동자가 되기까지의 이야기를 들었는데 이후의 일이 궁금하군요. 피고는 미싱사 보조로 취직한 뒤 어떻게 생활했습니까?

**전태일**　그때만 해도 우리 가족은 뿔뿔이 흩어져 살 때였습니다. 물론 어머니와는 서로 연락을 하며 지냈지요. ▶나는 하루빨리 돈을 모아 어머니와 아버지, 동생들과 함께 지내고 싶었어요. 그래서 취직하여 미싱사 보조가 된 후에도 시간이 날 때마다 신문팔이, 구두닦이 등의 일을 계속했습니다. 그때 내가 받은 미싱사 보조 월급은 1500원이었습니다. 하루에 50원을 벌었던 셈이죠. 그런데 내가 동생 태삼이와 머물던 하숙집의 하숙비는 하루에 120원이었습니다. 하루에 70원이 모자랐지요. 나는 미싱사 보조 월급만으로는 도무지 생활할 수가 없어서 전처럼 새벽부터 밤늦게까지 일을 해야 했습니다.

**판사** 미싱사 보조가 된 후 생활이 더욱 고달팠다는 뜻이군요. 그런데 피고는 미싱사 보조로 일하기 전 아버지를 도와 그 일을 해 본 경험이 있잖습니까?

**전태일** 그렇습니다. 그래서 나는 나이 어린 여공들보다 일을 배우는 속도가 빨랐고 주인에게 기술을 인정받았지요. 얼마 지나지 않아 월급도 3000원으로 올랐습니다. 2년쯤 지난 1966년에는 평화시장 뒷골목에 있는 한 봉제 공장에서 미싱사로 일할 수 있게 되었지요.

**판사** 미싱사 보조에서 미싱사로 지위가 높아졌군요. 미싱사 보조와 미싱사는 대우가 다른가요?

**전태일** 당시 봉제 공장의 미싱사와 미싱사 보조는 거의 여공들이었습니다. 나와 같은 열여덟 살 정도의 남자는 평화시장 주변에서 쉽게 찾아볼 수 없었지요. 만약 있다 해도 미싱사보다는 재단사나 재단사 보조로 일하는 경우가 많았습니다. 미싱사와 미싱사 보조는 여왕벌과 일벌의 관계와 비슷합니다. 미싱사가 재봉틀 앞에 앉아 옷을 만드는 동안 미싱사 보조들이 자질구레한 일들을 모두 해야 했기 때문입니다.

**판사** 그러니까 피고가 그처럼 특별한 대우를 받은 것은 아버지를 도와 옷 만드는 일을 미리 경험한 데다 남자였기 때문이라는 말인가요?

**전태일** 지금 생각해 보면 그런 점도 있었던 것 같습니다.

**임예리 변호사** 재판장님, 피고는 여공들과 일하는 동안 그들이 처한 열악한 현실에 눈을 뜨게 되었습니다. 『전태일 평전』에는 당시 여공들의 생활이 생생하게 묘사되어 있는데 그 중 일부를 제가 소개해도 될까요?

**판사** 그렇게 하십시오.

**임예리 변호사** 당시 여공들은 대부분 초등학교를 졸업한 뒤 중학교 1학년 무렵부터 평화시장의 미싱사 보조로 일했다고 합니다. 한참 꿈 많고 잠이 많았을 소녀들이 아침 8시까지 평화시장의 일터로 가려면 적어도 6시 30분 이전에는 일어나야 합니다. 소녀들은 아침밥을 먹는 둥 마는 둥하고 만원 버스에 시달리며 평화시장의 작업장에 도착하면 곧바로 일을 시작해야 했습니다.

"작업장은 약 8평 정도. 재단판과 열네댓 대 되는 재봉대와 거기에 맞붙은 시다판들이 가뜩이나 비좁은 방 안에 꽉 들어차고 그 틈서리 틈서리에 핏기 잃은 창백한 얼굴의 종업원 32명이 끼어 앉아 일한다. 바닥에서 천장까지의 높이는 약 1.5미터 정도. 이것이 저 악명 높은 평화시장의 다락방이다. 원래는 높이 3미터 정도의 방이었던 것을 공중에다 수평으로 칸막이를 하여 그것을 두 방으로 만든 것이다. 이 넓고 넓은 세상에 왜 그녀에게는 이렇듯 좁은 공간밖에 주어지지 않는 것일까? 여공들은 허리를 펴고 걸어 다닐 수가 없다. 청계천 6가 쪽 고가도로를 차를 타고 달리면서 이 작업장들을 보면 마치 무슨 돼지우리나 닭장을 보고 있는 것 같은 느낌이 든다"

▶여공들은 그러한 곳에서 아침 8시부터 밤 11시까지 하루 15시간 이상씩 노동을 했습니다. 워낙 환경이 열악한 데다 조명이 어둡

왜 전태일은 바보회를 만들었을까?

고 먼지가 많아 걸핏하면 눈병, 기관지염, 빈혈, 신경통, 위장병 등에
시달렸습니다. 명절을 앞두고 주문이 많을 때는 며칠 밤
을 꼬박 새워 가며 일해야 하는데 그때 사업주들은 졸아
선 안 된다며 여공들에게 잠 안 오는 약을 강제로 먹이기
도 했습니다. 그렇게 여공들이 한 달 동안 꼬박 일하고 받
는 월급이 1970년 기준으로 3000원 정도인데 교통비에다
용돈을 빼고 나면 남는 게 별로 없었습니다.

**판사**　　여공들은 참으로 비참하고 끔찍한 생활을 했군

교과서에는

▶ 15~18세 정도의 어린 여
공들은 열악한 환경 속에서
가혹한 노동에 시달려야 했
습니다. 잠이 안 오는 약을
먹어 가며 밤샘 작업까지 했
지만 병에 걸리면 하루아침
에 쫓겨나는 신세였지요.

요. 내가 피고의 입장이었다 해도 울분을 느꼈을 것입니다.

**임예리 변호사**　　하지만 여공들은 사장님, 공장장님, 미싱사 언니, 재단사 오빠가 시키면 시키는 대로 군소리 없이 일하는 게 옳은 줄로만 알았습니다. 만약 그런 현실에 불만을 드러내면 당장 직장에서 쫓겨났고, 사장들은 대들었던 종업원의 이름을 다른 사장들에게 알려 주어 평화시장에 발을 붙이지 못하게 만들고는 했습니다.

**판사**　　피고, 임 변호사의 말이 사실인가요?

**전태일**　　그렇습니다. 자꾸 그때의 일이 떠올라 지금도 몸서리가 쳐지는군요.

**판사**　　피고는 그런 여공들을 보면서 무슨 생각을 했습니까?

**전태일**　　앞에서 말했듯이 나는 무척 불우한 청소년기를 보내야 했습니다. 평화시장의 노동자로 취직했을 때는 가족들이 겨우 안정을 찾아가던 때였습니다. 하지만 나보다 어린 여공들을 보자 여동생 순옥이와 순덕이 생각이 났지요. 그 아이들도 장차 초등학교를 졸업하면 저렇게 여공이 되어 힘들게 살 텐데 어쩌면 좋을까 싶었습니다.

**판사**　　그래서 노동 운동을 시작하게 된 것입니까?

**전태일**　　그땐 노동 운동이란 게 뭔지도 모를 때였습니다. 내가 죽은 뒤에야 사람들이 날 더러 노동 운동가라고 부르기 시작하더군요. 나는 그저 내 여동생과 같은 여공들이 가엽고 불쌍해서 도와주려고 했을 뿐입니다.

**판사**　　그래서 무슨 일을 했습니까?

**임예리 변호사**　　제가 대신 답변하겠습니다. 피고는 미싱사로 일하면서부터 하루빨리 재단사가 되려는 꿈을 꾸게 되었습니다.

**판사** 재단사가 되는 일과 여공들을 돕는 게 무슨 관계가 있지요?

**임예리 변호사** 피고는 평화시장에서 약 2년 동안 일하면서 대부분의 여공들이 매우 부당한 대우를 받고 있다는 걸 알게 되었습니다. 미싱사들도 직급만 높을 뿐 부당한 대우를 받는 건 마찬가지였습니다. 하지만 미싱사 보조나 미싱사들은 억울한 일이 있어도 사장들에게 따질 수가 없었습니다.

그러나 재단사들은 대개 20대~30대의 남자들이었기 때문에 10대 후반이나 20대 초반의 미싱사들과는 달리 영향력이 있었습니다. 재단사들이 요구를 하면 사장들은 웬만큼 들어주었지요. 재단사들의 비위를 거스르면 수입이 줄어들었기 때문에 좋을 게 없었거든요. 그러나 대부분의 재단사들은 불쌍한 여공들을 돕기보다는 사장 편을 드는 경우가 많았고 피고는 그런 재단사들을 나쁘게 생각했습니다.

피고가 남긴 수기에 "나는 재단사가 나쁘다고 생각하고 나도 어서 빨리 재단사가 되어서, 노임을 결정하는 협의를 할 때는 약한 직공들 편에 서서 정당한 타협을 하리라고 결심했다"라는 글이 있습니다. "재단사가 나쁘다고 생각하고 나도 어서 빨리 재단사가 되어서"라는 문장은 언뜻 보면 모순되는 말입니다. 이 글의 의미는 대부분의 재단사들이 불쌍한 여공들의 편을 들어주지 않았기 때문에 나쁘다는 것이고, 그래서 피고는 힘을 가진 재단사가 되어 여공들을 돕겠다고 결심을 표현한 것입니다.

**판사** 그래서 재단사가 되었습니까?

**임예리 변호사**　　재단사가 되는 건 쉽지 않았습니다. 당시 피고는 미싱사로 일하며 7000원 정도의 월급을 받고 있었습니다. 미싱사 보조로 일할 때와 비교하면 월급이 4배 이상 많아졌으니 가족들의 생계에 큰 도움이 되었지요. 물론 재단사가 되면 더 많은 월급을 받을 수 있었습니다. 그러나 미싱사가 되기 위해 미싱사 보조를 거쳐야 하는 것처럼 재단사가 되려면 먼저 재단사 보조를 거쳐야 합니다. 그때 재단사 보조가 받는 월급은 3000원 정도였으니 미싱사 때보다 수입이 절반 이상으로 줄어드는 것을 각오해야 했지요. 그런데도 피고는

　왜 전태일은 바보회를 만들었을까?

과감하게 재단사 보조가 되기로 결심
했습니다.

**판사**     어려운 결심을 했군요.

**임예리 변호사**     물론입니다. 게다가
재단사 보조로 일하면서 여공들을 돕
기로 한 결심을 실천해 나갔습니다.
그때 피고는 작업장을 깨끗이 청소하
고 미싱사 보조들이 단추, 지퍼 등의

한미사 공장 안에서 동료들과 함께 있는 전태일(맨 오른쪽)

부속품을 가지러 올 때 좀 더 쉽고 빠르게 찾을 수 있게 잘 정리해 두
었습니다. 뿐만 아니라 여공들에게 친절하게 대하고 작은 일이라도
정성껏 도와주어 여공들은 피고를 무척 따랐습니다.

  그 무렵, 피고의 가족은 도봉산 기슭의 판자촌으로 옮겨 살고 있
었습니다. 그래서 피고가 밤늦게 퇴근하면 도봉산까지 가는 버스가
끊어지고는 했습니다. 그럴 때는 청계천에서 두세 시간 동안 걸어서
집으로 가야 했지요. ▶피고는 늦게까지 일하는 여공들을 도와주었
고, 가끔은 버스비를 털어 점심을 굶는 여공들에게 1원짜리 풀빵을
사 주었기 때문에 버스비가 없어 자신은 걸어서 귀가했습
니다. 피고는 그 뒤에도 몇 년 동안 자기 용돈을 털어 여공
들에게 간식을 사 주었습니다.

**나대로 변호사**     미싱사로 일할 때보다 월급이 4000원이
나 줄었는데도 여공들에게 풀빵을 사 줬다니…… 혹시 여
공들에게 인기를 얻고 싶어서 그런 건 아닌가요?

**임예리 변호사**    생각하는 수준이 너무나 유치해서 말문이 막히는 군요. 하긴 이기적인 나 변호사는 도무지 이해할 수 없겠지요.

**판사**    나 변호사는 쓸데없이 나서서 인격을 모독하지 마세요. 이번 엔 피고에게 묻겠습니다. 피고가 정식 재단사가 된 것은 언제입니까?

**전태일**    1967년 2월 24일이었습니다. 당시 같은 직장에 있던 선배 재단사가 다른 곳으로 옮기게 되어 재단사 보조였던 내가 그 자리에 앉게 된 것입니다. 하지만 꿈에 그리던 재단사가 되었어도 여전히 생활은 고달팠습니다.

**판사**    왜 그랬지요?

**전태일**    사장 때문이었습니다. 사장은 날더러 성실하고 부지런한 청년이라고 입이 마르도록 칭찬해 주고는 했습니다.

**판사**    그렇다면 마음씨 좋은 분이 아닌가요?

**전태일**    순전히 사탕발림이었습니다. 재단사 경험이 부족했던 나를 꼬드겨서 몇 사람 몫을 시키려는 수작이었습니다. 그때 나는 예상보다 빨리 재단사가 되었다는 이유로 여러 사람의 몫을 혼자 감당해야 했지요.

나는 그때의 일을 공책에 기록해 두었는데 이번 재판을 위해 펴보니 그중에는 "하루 15시간을 칼질과 다리미질을 하며 지내야 하는 괴로움, 허리가 결리고 손바닥이 부르터 피가 나고 손목과 다리가 조금도 쉬지 않고 아프니 정말 죽고 싶다"라는 글이 있었습니다.

# 2

# 근로 기준법에
# 눈을 뜨다

**판사**　피고가 노동 운동을 시작한 것은 그처럼 일이 힘들었기 때문이었습니까?

**전태일**　그렇지 않습니다. 나는 육체적으로 고통스러운 것은 얼마든지 참을 수 있었습니다. 그런데 재단사가 된 지 얼마 지나지 않았을 때였습니다. 하루는 함께 일하던 여공이 일을 안 하고 머뭇거리다가 나를 보더니 갑자기 울음을 터뜨리며 "재단사님, 아무래도 내가 바보가 되나 봐요. 사흘 밤이나 주사를 맞고 일했더니 눈이 침침해서 앞도 잘 안 보이고 손이 마음대로 펴지지 않아요"라고 하더군요.

　나는 여공들이 얼마나 가혹한 환경에서 일하는지 잘 알고 있었습니다. 그래서 그들을 돕기 위해 재단사가 되었지만 어떻게 해야 할지 근본적인 해결책을 찾지 못했어요. 고작해야 주머니를 털어 여공

**직업병**

한 가지 직업에 오래 종사한 것
이 원인이 되어 일어나는 질병을
말합니다.

에게 약을 사 주면서 "참고 열심히 일하다 보면 좋은 날이
오겠지" 하고 위로하는 정도였습니다. 그런 내가 한심해서
몹시 괴로웠습니다.

**임예리 변호사**　　재판장님, 피고는 재단사가 되고 매우 충
격적인 사건을 겪었습니다.

**판사**　　어떤 사건이었습니까?

**임예리 변호사**　　피고는 같이 일하던 미싱사가 재봉틀 위에 피를 토
하는 걸 보았습니다. 피고는 동료들과 돈을 모아 급히 미싱사를 병
원으로 데려갔지요. 의사는 미싱사가 폐병 3기라고 진단했습니다.
당시 평화시장의 작업장들은 환풍기 시설을 제대로 갖춘 곳이 없어
서 종업원들은 옷감에서 나는 화학 약품 냄새와 뿌연 먼지에 시달렸
고 폐병을 얻기 일쑤였습니다. 그러니까 폐병은 평화시장 노동자들
의 **직업병**이었습니다. 그런데 사장은 폐병을 얻은 여공을 치료해 주
기는커녕 곧바로 해고해 버렸습니다. "넌 병에 걸려서 일할 수 없으
니 그만 둬!" 이런 식이었습니다. 이게 사람이 할 소리인가요? 피고
는 그런 여공들을 '밑지는 인생'이라고 불렀습니다.

**판사**　　피고, 밑지는 인생이란 무슨 뜻입니까?

전태일　　여공들이 몇 년 씩 힘들게 일해서 돈을 모은다 해도 수많
은 질병을 얻게 되고 결국 그동안 번 돈보다 치료비가 더욱 많이 들
어갑니다. 게다가 직장에서도 해고를 당하니 밑지는 인생이 아니고
뭐겠습니까?

**판사**　　그럼 봉제 공장을 운영했던 원고에게 묻겠습니다. 원고는

왜 직업병을 얻은 여공들을 곧바로 해고했습니까?

자본가　나는 그런 적이 없으니 답변할 수가 없습니다. 다만 몇몇 업주들이 병에 걸린 종업원을 해고했다는 사실은 인정합니다.

판사　왜 그랬다고 생각하나요?

자본가　여러 가지 이유가 있었을 것입니다. 다른 종업원에게 병을 전염시킬 수도 있고 일도 제대로 못할 것이고, 그 직장에 대한 이미지가 나빠질 수도 있고…….

판사　그렇다고 실컷 부려먹던 종업원을 하루아침에 길거리로 내쫓아서야 됩니까? 그게 자본가들의 본래 모습입니까?

**자본가**　　재판장님, 나는 그런 적이 없었다고 분명히 말씀드렸는데 내게 화를 내시면 어쩌란 말입니까? 그리고 자본가들이라고 모두 자기 욕심만 차렸던 건 아닙니다. 종업원들이 저마다 생각과 사정이 다른 것처럼 사장들도 이익을 앞세우는 사람도 있고 베풀기를 좋아하는 사람도 있습니다. 그러니까 나를 죄인처럼 다루지 마세요.

**판사**　　내가 좀 흥분한 것 같군요. 미안합니다.

**임예리 변호사**　　하지만 병든 종업원을 그냥 내쫓는 건 사람의 도리가 아닙니다. 그런 뜻에서 재판장님의 지적은 옳다고 생각합니다. 다시 피고의 이야기로 돌아와서 피고는 이처럼 노동자들이 처한 현실에 울분을 느꼈으며 그들을 위해 노력하기로 다짐했습니다. 그런데 얼마 뒤 피고마저 직장에서 해고당했습니다.

**판사**　　무슨 잘못을 저질렀기에 쫓겨난 것입니까?

**임예리 변호사**　　그 무렵, 피고는 노동 환경을 개선하고 노동자들의 인권을 지키기로 결심했습니다. 그러던 중 ▶우연히 피고의 아버지로부터 우리나라에도 근로 기준법이 있다는 이야기를 듣게 되었습니다. 게다가 피고는 어린 여공들을 일찍 퇴근시킨 뒤 혼자 남아 여공들이 해야 할 작업장 정리, 청소 등을 도맡았습니다. 그걸 알게 된 사장이 "재단사는 재단사가 할 일만 하면 되는 것이지 시다들의 일까지 참견할 것 없다"고 혼냈습니다. 그런데도 피고가 날마다 혼자 남아 작업장 청소를 하자 사장은 "내 말도 듣지 않고 제멋대로 하는 재단사는 필요 없다"면서 피고를 해고했습니다.

**판사** 그 뒤 피고는 다른 직장을 구했습니까?

**임예리 변호사** 그렇습니다. 하지만 이후 피고의 생활은 완전히 달라졌습니다. 여공들을 돌보는 평화시장의 재단사 오빠 수준을 뛰어넘었던 것입니다. ▶낮에는 동료 재단사들을 만나 '바보회'란 조직을 만들었으며 밤에는 근로 기준법을 공부하며 노동 운동을 시작한 것이지요.

**판사** 피고는 한국에 근로 기준법이 있다는 이야기를 아버지로부터 처음 들었다고 했지요?

**임예리 변호사** 그렇습니다. 피고의 아버지 전상수 씨는 젊었을 때 방직 공장에 다녔는데 그때 동료들과 함께 파업을 한 적이 있었습니다. 그런데 방직 공장이 노동자들의 요구를 묵살한 채 공장 문을 닫아 버리는 바람에 파업은 실패로 끝났지요. 전상수 씨는 적극적으로 파업에 참여하진 않았지만 근로 기준법에 대해 알게 되었고 그런 경험을 피고에게 들려주었던 것입니다.

그 뒤 피고는 걸핏하면 파업에 대한 이야기를 해 달라며 졸라 댔고 전상수 씨는 아들이 노동 운동에 관심을 가지고 있다는 것을 알고는 "너희들이 제아무리 노동 운동을 한다 해도 세상은 변하지 않는다. 그러니 단념하고 열심히 기술이나 익혀 돈을 벌어야 한다"며 고개를 저었습니다. 그러나 피고는 "아버지가 못한 일을 제가 꼭 해낼 겁니다"라며 자신의 각오를 거듭 밝혔습니다.

피고는 여러 사람에게 돈을 꾸어 당시로는 매우 비싼 『근로 기준법』 책을 샀습니다. 깨알같은 크기의 한자로 쓰

**교과서에는**

▶ 전태일은 동료 노동자들을 모아 '바보회'를 조직하고 근로 기준법에 대해 알아 갔습니다.

여진 책이었지만 피고는 그것을 사고는 세상을 다 얻은 것처럼 기뻐했습니다. 피고에게 『근로 기준법』은 세상을 구원할 『성경』과 마찬가지였습니다. 피고는 당시의 소감을 이곳 방청객과 배심원들에게 직접 들려주시겠습니까?

**전태일**   캄캄한 어둠 속에서 한 줄기 빛을 발견한 느낌이었습니다. 그때만 해도 노동자들은 정부의 관리나 사장들이 시키는 일은 무조건 다해야 하는 줄 알았습니다. 그런데 노동자들의 권리를 보장해 주는 법률이 있다는 걸 알았으니 얼마나 가슴이 뛰었는지 모르실 겁니다. 그때 나는 어떻게든 노동자의 권리를 찾아야겠다고 생각했습니다. 그러기 위해선 근로 기준법의 내용을 분명히 알아야 했지요.

**판사**   피고는 중학교 과정인 청옥고등공민학교를 다니다가 중퇴한 상태여서 『근로 기준법』을 쉽게 읽을 수는 없었을 텐데요?

**임예리 변호사**   옳은 지적입니다. 본래 그 책은 법학을 공부하는 대학생들의 교재였기 때문에 피고가 읽기엔 여간 어렵지 않았습니다. 하지만 피고는 포기하지 않았습니다.

당시 피고가 살던 동네에 나이 많은 대학생이 있었습니다. 피고는 그 대학생 형을 시도 때도 없이 찾아가 『근로 기준법』에 나오는 한자의 음과 뜻, 각 조항이 담고 있는 의미를 물었습니다. 그리고 꼭 필요한 내용은 꼼꼼히 메모를 해 나갔습니다. 어느 때는 새벽 2~3시에도 대학생 형을 찾아가 모르는 글자를 묻고는 했으며, 그 형이 집에 없을 때는 문 앞에서 몇 시간씩 기다린 적도 많았습니다. 그렇게 노력한 결과 피고는 근로 기준법의 주요 내용을 줄줄 외울 만큼 훤히 알게 되었지요.

하지만 그럴수록 피고는 근로 기준법이 지켜지지 않는 현실에 대해 모순을 느꼈습니다. 결국 혼자 힘으로는 현실을 바꿀 수 없다고 생각해 바보회라는 모임을 만든 것입니다.

**판사** 근로 기준법의 내용 중 피고가 중요하게 여긴 항목은 어떤 것들이 있었습니까?

**전태일** 먼저 제1조를 들 수 있습니다. 제1조는 "이 법은 헌법에 의하여 근로 조건의 기준을 정함으로써 근로자의 기본적 생활을 보장·향상시키며 균형 있는 국민 경제의 발전을 도모함을 목적으로 한다"고 되어 있습니다. 여기서 말하는 것처럼 근로자의 기본적인 생활을 보장·향상시키기 위해 근로 기준법이 만들어진 것입니다. 그런가 하면 좀 더 구체적으로 제42조에 "근로 시간은 휴게 시간을 제하고 1일에 8시간, 1주일에 48시간을 기준으로 한다. 단, 당사자간의 합의에 따라 1주일에 60시간을 한도로 한다"고 되어 있었습니다. 아무리 근로자와 합의했다 해도 1주일에 60시간 이상 노동을 시킬 수가 없었지요. 당시 동료들은 1일 13~16시간, 1주일에 98시간 이상이나 일해야 했으니 명백한 근로 기준법 위반이었습니다.

뿐만 아니라 제45조에는 "사용자(업주)는 근로자에 대하여 1주일에 평균 1회 이상의 유급 휴일을 주어야 한다"고 되어 있었지만 우리들에겐 그림의 떡이었지요. 이 밖에도 수많은 조항을 예로 들 수 있습니다.

**판사** 당시에는 피고가 예로 든 조항들 중 단 한 가지도 제대로 지켜지지 않았다는 말입니까?

**전태일**　　그렇습니다.

**임예리 변호사**　　존경하는 재판장님, 그리고 배심원 여러분. 피고는 이런 현실에 눈뜨고 가까운 동료들에게 그 사실을 알려 주었습니다. 근로 기준법이 있는데 업주들이 그걸 무시하고 있으며 정부에서도 모른 척한다는 걸 알리기 시작한 것입니다. 그러나 당시 노동자들에겐 여전히 사장님의 감시가 무서웠지요. 그들은 피고의 말에 귀를 기울이는 것만으로도 큰 죄를 저지르는 게 아닌가 싶어 두려워했습니다. ▶결국 피고는 순수한 근로자들을 선동했다는 이유로 직장에서 쫓겨났으며 이후 평화시장은 물론 청계천 주변에서 얼씬거릴 수 없게 되었습니다.

**판사**　　아까 피고가 바보회라는 조직을 만들었다고 했는데 왜 그런 이름을 붙인 것입니까?

**임예리 변호사**　　자신들의 요구가 계란으로 바위치기라는 걸 알고 있었기 때문에 상징적인 뜻으로 바보회라는 이름을 붙였던 것입니다. 이 조직을 만들기 위해 피고는 수많은 재단사들을 만나 설득하고 준비 모임도 수없이 가졌습니다. 그때만 해도 피고는 재단사 중에서 나이가 어린 편에 속했습니다. 그래서 대부분의 선배 재단사들은 피고의 말이 맞다면서도 노동 운동은 불가능하다고 여겼습니다. "그건 이뤄질 수 없는 일이다. 노동 운동을 하겠다고 설치는 놈들은 바보들이다"라는 식으로 면박을 주었지요. 그 일이 계기가 되어 피고는 재

**교과서에는**

▶ 주위 노동자들에게 근로 기준법을 알려 주던 전태일은 업주들로부터 위험 인물로 낙인 찍혀 직장에서 해고당하게 됩니다.

바보회 회장 전태일의 명함

단사 모임의 이름을 '바보회'라고 지었으며 다른 회원들의 만장일치로 바보회 회장이 되었습니다.

저는 이쯤에서 피고가 바보회를 조직할 때 중요한 역할을 했던 김개남 씨를 증인으로 신청합니다.

**판사**　그렇게 하십시오.

증인 김개남이 선서를 마치자 임예리 변호사부터 증인 신문을 시작했다.

**임예리 변호사**　증인은 이곳 배심원과 방청객들을 위해 자기소개를 해 주시겠습니까?

김개남　저는 피고 전태일을 도와 바보회, 삼동친목회 등을 조직하고 활동했던 김개남입니다. 당시 직업은 재단사였고 김개남이란 이름은 가명이라는 걸 밝힙니다.

**임예리 변호사**　증인은 피고를 어떻게 알게 되었습니까?

김개남　당시 평화시장의 재단사와 미싱사들은 피고를 이상한 사람으로 여겼습니다. 피고가 틈만 나면 다른 작업장에서 일하는 노동자들을 만나 근로 기준법이 어떻다는 둥, 우리가 심하게 부당한 대우를 받고 있다는 둥 설명했기 때문입니다. 그런 과정에서 나는 피고 전태일을 알게 되었습니다.

**임예리 변호사**　피고를 처음 보았을 때의 인상은 어땠습니까?

김개남　그때 전태일은 머리를 짧게 깎았고 거무죽죽한 작업복을 입고 있었습니다. 게다가 고뇌에 빠진 듯한 어두운 표정이었습니다. 전태일은 늘 옆구리에 두툼한 책을 끼고 다녔는데 나중에 알고 보니 『근로 기준법』이란 책이었습니다. 나는 전태일을 이상한 친구라고 여기면서도 차츰 그에게 친근한 느낌을 받게 되었고 나중엔 가까운 사이가 되었습니다.

**임예리 변호사** 피고가 근로 기준법에 대해 많은 이야기를 했을 텐데 그때 어떤 생각이 들었습니까?

김개남 그때만 해도 우리는 사장이 시키는 일은 뭐든지 해야 하며 월급도 주는 대로 받아야 하는 줄 알았습니다. 그런데 전태일은 근로 기준법에 따르면 절대 그렇지 않다며 사업주들의 의무와 근로자들의 권리를 하나하나 예를 들어 설명해 주었습니다. 처음엔 그의 말이 헛소리라고 생각했지만 차츰 우리가 얼마나 비인간적인 대우를 받고 있는지 깨닫기 시작했습니다.

**임예리 변호사** 그래서 바보회를 조직한 것입니까?

김개남 1968년 12월 하순 쯤, 전태일은 재단사를 중심으로 모임을 갖자고 제안했습니다. 당시 평화시장 직공 중에서는 재단사들의 영향력이 가장 컸기 때문에 그런 모임을 만들면 우리의 요구가 좀 더 쉽게 받아들여질 것이라고 판단했던 겁니다. 요즘에는 이런 경우 곧바로 **노동조합**을 만들겠지만 그땐 노동조합 같은 건 엄두도 내지 못했습니다. 그래서 평화시장 재단사들의 친목 모임 형태로 바보회를 만든 것입니다. 전태일이 처음 제안한 뒤 반년이 지난 1969년 6월에 창립총회를 가졌습니다.

**노동조합**
노동 조건의 개선 및 노동자의 지위 향상을 목적으로 노동자가 조직한 단체를 말합니다.

**임예리 변호사**　　아무리 노동 운동을 탄압하던 때라고 하지만 친목 모임으로 노동 운동을 하긴 힘들었을 텐데…….

**김개남**　　그게 우리들의 한계였습니다. 재단사들의 영향력이 크긴 했지만 대부분 노동 운동을 하면 큰일 나는 줄 알았습니다. 그러니 가끔 만나 친목도 도모하고 서로의 애로 사항도 이야기해 보자는 식으로 회원을 모집해야만 했지요. 하지만 실제로는 평화시장 노동자들의 권익을 위해 노력하는 것을 목적으로 삼았습니다.

**임예리 변호사**　　바보회의 활동은 순조로웠습니까?

**김개남**　　그렇지 않았습니다. 전태일이 근로 기준법과 노동자들의 기본적인 권리에 대해 설명하고 그런 것을 마땅히 찾아야 한다고 평화시장 직공들을 설득해 나갔는데 그 사실을 알게 된 사장들이 전태일을 눈엣가시처럼 여겼습니다. 결국 다니던 직장마다 해고되었고 나중엔 평화시장의 어떤 업주도 전태일을 고용하지 않았습니다. 더구나 바보회 모임을 추진하면서 태일이가 많은 빚을 진 까닭에 어려움을 겪었습니다.

**임예리 변호사**　　바보회 모임을 가지며 많은 빚을 진 이유는 뭡니까?

**김개남**　　그땐 바보회 회원들이 모임에 적극적이지 않았습니다. 그럴 만한 여건도 안 되었고요. 그러다 보니 회장인 전태일이 모임이 열릴 때마다 자기 돈으로 찻값이나 식사비를 냈던 겁니다. 요즘 같으면 회원들이 회비를 내 필요한 경비를 썼을 텐데 당시엔 그런 생각들이 아예 없었던 거죠. 그러다 보니 태일이가 가까운 친구들을 찾아다니며 돈을 꾸었는데 해고당한 처지라 빚은 눈덩이처럼 늘어났습니다.

**임예리 변호사**  바보회가 해체된 것도 그 때문인가요?

**김개남**  거기엔 여러 가지 이유가 있습니다. 먼저 바보회 회원들이 모임에 자주 빠져 참석률이 낮았고, 새 직장으로 옮기거나 군대에 갈 경우엔 아예 연락이 끊어지고는 했습니다. 그래서 창립총회를 가진 뒤로 모임다운 모임을 한 번도 가질 수가 없었으며 기껏해야 대여섯 명이 참석하는 정도였지요. 어느 때는 나도 참석할 수 없어서 태일이 혼자 회원들을 기다리다가 쓸쓸히 발길을 돌리기도 했습니다. 참, 1969년 8월에서 9월 사이에 바보회의 이름으로 설문 조사를 한 적이 있습니다. 태일이가 자기 돈을 들여 설문지 300장을 인쇄한 것을 바보회 회원 서너 명이 몰래 평화시장 노동자들에게 돌렸습니다.

**임예리 변호사**  바보회에서 설문 조사를 하게 된 이유는 뭔가요?

**김개남**  평화시장에서 일하는 노동자들이 실제로 어떤 환경에서 일하며 어떤 대우를 받는지 통계를 내어 그것을 서울시청 근로 감독관에게 알리기 위해서였습니다. 당시 시청에는 근로 감독관이 있어서 각 작업장을 다니며 업주들이 근로 기준법을 지키는지를 감독하도록 되어 있었습니다. 태일이는 그런 근로 감독관들에게 큰 희망을 걸고 그들에게 평화시장 노동자들의 실상을 알리려고 했습니다.

**임예리 변호사**  그래서 목적을 이루었나요?

**김개남**  그 일이 업주들에게 알려지면서 진태일은 평화시장 주변에는 얼씬도 할 수 없게 되었고 결국 바보회는 흐지부지 해체되었습

니다. 전태일은 설문 조사 결과를 잘 정리해서 서울시청 근로 감독 관실로 갔습니다. 하지만 근로 감독관은 전태일을 차갑게 대했고 전태일의 호소를 듣는 둥 마는 둥 하고는 쫓아냈습니다. 그 일로 전태일은 큰 충격을 받았습니다.

**임예리 변호사**     그러다 결국 피고가 조직한 바보회가 해체된 것이군요. 그 뒤 어떻게 되었습니까?

**김개남**     바보회가 없어진 뒤 전태일은 한동안 평화시장 주변에서 자취를 감췄습니다. 나중에 얘길 들어 보니 옷 만드는 것과는 전혀 상관없는 일을 했다고 합니다. 공사장에서 막노동을 해 일당을 벌고, 한 교회에서 삼각산에 기도원을 지을 때도 공사 현장에 있었다고 하더군요.

왜 전태일은 바보회를 만들었을까?

**임예리 변호사** 막노동을 하던 피고가 다시 평화시장 주변에 모습을 드러낸 것은 언제인가요?

김개남 1970년 8월 중순 무렵이었습니다.

**임예리 변호사** 그러니까 분신자살하기 석 달 전이었군요. 그 석 달 동안 정부 기관이나 언론 등에서 노동자들의 하소연에 귀를 기울였다면 안타까운 희생은 없었겠지요?

김개남 그렇게 생각합니다.

**임예리 변호사** 감사합니다. 이상으로 신문을 마치겠습니다.

# 근로 기준법과
# 평화시장 노동자들의 실상

　　근로 기준법은 1953년에 제정된 후 모두 11차례 개정되었고, 1997년에는 그때까지의 법률을 모두 폐지한 뒤 새로 제정해 2010년까지 모두 22차례 개정되었습니다. 따라서 전태일이 활동하던 때와 오늘날의 근로 기준법에는 많은 차이가 있습니다.

　　전태일은 어떤 사업주나 노동자들도 눈여겨보지 않았던 근로 기준법을 수없이 읽으면서 각각의 조항과 평화시장 노동자들의 실상을 비교하고 그것을 관계 기관과 언론사에 알렸습니다.

　　다음의 표는 근로 기준법의 주요 조항과 평화시장 노동자들의 실상을 비교해 정리한 것입니다.

왜 전태일은 바보회를 만들었을까?

| 내용 | 근로 기준법 | 평화시장 노동자 |
|---|---|---|
| 근로 시간 | 1일 8시간, 1주일에 48시간(단, 당사자간의 합의에 따라 1주일에 60시간을 한도로 함). | 1일 평균 13~16시간, 1주일에 78시간~96시간. |
| 휴일 | 사용자는 근로자에게 1주일에 평균 1회 이상의 유급 휴일을 주어야 한다. | 1개월에 2일 정도. |
| 기타 | 유해 위험 작업에 관한 규정(43조), 여공에 대한 월 1일의 유급 생리 휴가(59조), 18세 미만의 어린 근로자들에 대한 교육 시설 규정(63조), 건강진단(71조), 재해 보상(제8장), 여자와 18세 미만 근로자에 관한 야간 작업 금지 규정(56조) 등. | 모두 무시되었음. 그 결과 노동자들은 대부분 신경성 소화불량, 만성 위장병, 신경통, 폐병, 류머티즘을 앓고 있으며 이 계통에서 일하는 노동자들은 정신적, 육체적으로 최하의 노동을 하고 있음. 작업장에 환기 장치가 없고 휴식 시간인 오후 1~2시에도 햇빛을 받을 장소가 없음. 평화시장 400여 공장 중 상수도가 나오는 곳은 고작 3곳임. |
| 처벌 | 13세 이상 16세 미만일 경우 근로 시간은 하루 7시간 미만으로 하며 이를 어길 경우 사업주에게 2년 이하의 징역이나 2만 원 이하의 벌금을 부과함. 근로 감독관이 사업주들이 근로 기준법을 지키지 않는 것을 알고도 일부러 묵과하면 3년 이하의 징역이나 5년 이하의 자격 정지에 처함. | 어떤 사업주나 근로 감독관도 처벌받지 않음. |

3

# '골방서 하루 16시간 노동'을
# 고발하다

**판사**　나대로 변호사, 증인에게 반대 신문하세요.

**나대로 변호사**　증인은 피고가 오랜만에 나타났을 때 별다른 낌새를 눈치채지 못했습니까? 예를 들어 피고가 죽음을 각오하고 사업주들이나 정부와 맞서 싸우겠다는 다짐 같은 것 말입니다.

**김개남**　태일이가 말로 표현하진 않았지만 분명히 달라진 듯한 느낌을 받았습니다.

**나대로 변호사**　그렇다면 증인은 피고의 친구이며 동료의 입장에서 피고를 말릴 생각은 없었습니까?

**김개남**　방금 말했다시피 전태일의 모습이 뭔가 굳은 결심한 듯 보였다는 것이지 그것이 죽음을 각오한 행동이라는 건 전혀 알 수 없었습니다.

　왜 전태일은 바보회를 만들었을까?

**나대로 변호사**　피고는 당시의 각오를 일기로 써 놓았습니다. 제가 읽어 보겠습니다.

"나는 돌아가야 한다. 꼭 돌아가야 한다. 불쌍한 내 형제의 곁으로, 내 마음의 고향으로, 내 이상의 전부인 평화시장의 어린 동심 곁으로. …… 나를 버리고, 나를 죽이고 가마……"

피고가 이런 내용까지 썼는데 증인이 그걸 몰랐단 말입니까?

**임예리 변호사**　참으로 어이없는 질문이군요. 나대로 변호사는 가까운 친구나 동료의 일기장을 함부로 읽고 지내시나 보죠?

**나대로 변호사**　아니 그게 아니라……. 그러니까 제 말은 피고가 일기에 쓸 만큼 굳은 결심을 했다면 친구 입장에서 눈치챌 수도 있지 않았느냐는 뜻입니다.

**김개남**　태일이는 분신자살을 하는 순간까지 자신의 결심을 아무에게도 밝히지 않았습니다.

**나대로 변호사**　그렇군요. 그럼 반대 신문을 마칩니다.

**판사**　증인은 수고하셨습니다.

증인 김개남이 자리로 돌아가자 판사가 전태일에게 물었다.

**판사**　피고는 다시 평화시장으로 돌아간 뒤 삼동친목회라는 것을 조직했습니까?

**전태일**　네, 그렇습니다.

**판사**　삼동침목회라는 새로운 조직을 만든 이유는 무엇입니까?

전태일　　새로 만든 것이 아닙니다. 내가 평화시장에 나타나자 군대에 간 친구들을 제외하고 김개남 등 여섯 명이 다시 모였고, 새로 여섯 명이 더 합류해 열두 명의 재단사들이 자주 모이게 되었습니다. 그래서 그들을 중심으로 모임을 시작했는데 한 달 뒤인 1970년 9월 16일, 바보회란 이름을 삼동친목회로 바꾼 것입니다.

판사　　바보회 보다는 훨씬 그럴듯한 이름이군요. 무슨 뜻인가요?

전태일　　삼동이란 평화시장, 동화시장, 통일상가의 세 건물을 가리키며 이곳에서 일하는 재단사들의 모임이라는 뜻에서 삼동친목회라고 했습니다.

판사　　바보회 때보다 규모도 훨씬 커졌고 좀 더 적극적인 느낌이 드는군요. 당시 피고를 비롯한 삼동친목회는 어떤 활동을 했습니까?

전태일　　나는 본격적으로 노동 운동을 벌이기로 결심했기 때문에 틈만 나면 평화시장 주변의 노동자들을 찾아다니며 근로 기준법에 대해 설명했습니다. 아울러 우리가 얼마나 부당한 대우를 받았는지를 고발하기로 하고 서울시청과 노동청, 방송국, 신문사 등을 찾아다녔습니다.

판사　　여기 제출된 증거 자료에 따르면 피고는 한 해 전인 ▶1969년 8~9월 사이에도 서울시청과 노동청을 찾아가 진정서를 제출한 것으로 되어 있던데…….

전태일　　그건 지난번에 진술한 것과 같습니다. 관계자들이 우리의 설문 조사 결과를 외면하자 바보회가 해체되었고 나 역시 봉제 공장에서 쫓겨나듯이 나와 건설 현장을

교과서에는

▶ 전태일은 수차례 평화시장의 노동 실태를 노동청에 진정했으나 달라지는 것이 없었습니다.

떠돌아다녔지요.

**판사** 피고는 한 해 전에 그런 경험을 했으면서도 다시 관계 기관과 언론사를 찾아간 겁니까?

**전태일** 그렇습니다. 그때 우리 회원들은 서울시청이나 노동청 공무원들이 우리의 요구를 무시하더라도 언론사는 다를 것이라는 희망을 가지고 있었지요. 그래서 먼저 **동양방송**(TBC)을 찾아가 '시민의 소리'라는 프로그램에 우리가 출연할 수 있게 해 달라고 부탁했습니다. 하지만 방송국에서는 우리가 확실한 통계 자료를 가지고 있지 않다면 출연이 어렵다고 거절하더군요. 당시 우리에겐 한 해 전에 했던 설문 조사 자료밖에 없었는데, 고작 30장뿐이었기 때문에 통계 자료로써 가치가 없다고 했습니다.

결국 우리는 노동 실태를 다시 조사하는 것을 삼동회의 첫 번째 활동 목표로 삼았습니다. 그 결과 한 해 전보다 훨씬 많은 126명의 설문지를 돌려받아 통계를 냈고, 그것을 바탕으로 '평화시장 피복제품상 종업원 근로 개선 진정서'를 만들었습니다. 이 진정서에는 삼동회 회원을 비롯해 90여 명의 노동자들이 서명했습니다.

**판사** 그렇게 만들어진 진정서를 정부 기관과 언론사에 제출한 것입니까?

**전태일** 그렇습니다. 우리가 노동청에 진정서를 낸 다음 날인 1970년 10월 7일자 『경향신문』을 비롯해 여러 석간신문에 평화시장 노동자에 대한 기사가 실렸습니다. 대표적으로 『경향신문』 기사가 있습니다.

**동양방송**
주식회사 중앙일보에 소속되었던 상업 방송으로 1964년 5월에 개국했습니다. 동양라디오, 동양텔레비전, 동양FM방송을 통틀어 부르는 이름이었는데 1980년, 전두환 군사 정부의 언론 통폐합 정책에 따라 한국방송공사(KBS)로 통합되어 KBS 2TV, KBS 2FM이란 이름으로 방송을 내보냈습니다.

판사는 증거 자료로 제출된 신문 기사를 펴 보이며 전태일에게 물었다.

**판사**　이 기사를 말하는 것이죠? 여기에 보면 사회면 머리기사로 '골방서 하루 16시간 노동'이라는 큰 제목 아래 '소녀 등 2만여 명 혹사', '거의 직업병……노동청 뒤늦게 고발키로', '근로 조건 영점……평화시장 피복 공장'이라는 부제가 달렸고 자세한 기사가 실려 있군요. 이 기사를 보았을 때 피고는 어떤 심정이었습니까?

**전태일**　가슴이 터지는 줄 알았습니다. 우리는 곧바로 신문사로 달려가 그날 발행된 신문 300부를 사들고 평화시장 상가를 다니며 돌렸습니다. 그때 노동자들은 삼동회 회원들에게 "수고 많으셨다"며 격려해 주기도 하고 신문 값으로 100원, 200원, 심지어 1000원을 선뜻 내놓는 사람들도 있었습니다. 그날 저녁, 평화시장 노동자들은 완전히 축제 분위기였지요.

**판사**　그럼 실제로 이 기사가 보도된 후 노동자들에 대한 대우가 달라졌습니까?

**전태일**　유감스럽게도 그렇지 않았습니다. 우리 노동자들은 "우리의 일이 신문에 보도되었으니 앞으로 달라지지 않을까?" 하고 기대하며 일주일 내내 들떠 있었습니다. 그러면서 근로 조건을 개선하기 위해 더욱 힘을 모으기로 다짐하는 분위기였지요.

평화시장은 각 업주들이 평화시장주식회사의 주주로 참여하고 있었습니다. 우리의 문제가 언론에 보도되자 나를 비롯한 삼동회 대

**부제**
책이나 논문, 신문 기사의 주요 제목에 덧붙여 보충하는 제목을 가리킵니다.

표 세 명은 평화시장주식회사의 임원들과 함께 회의를 열었습니다.
지금으로 치면 노사 협상을 했던 것인데 당시 노동자 대표가 회사
임원들과 마주 앉아 요구 조건을 내걸었던 것은 매우 획기적인 사건
이었습니다.

**나대로 변호사**　　재판장님, 피고의 주장과 당시 신문 기사는 과장된
부분이 많습니다.

**판사**　　어떤 부분이 과장되었다는 것입니까?

**나대로 변호사**　　예를 들어 신문 기사에는 "나이 어린 여자들이 좁
은 방에서 하루 16시간 동안이나 고된 일을 하며 보잘것없는 보수

에 직업병까지 얻고 있어 근로 기준법을 무색케 하고 있다"라는 문장이 있습니다. 그런데 피고 등 삼동친목회 회원들이 제출한 진정서에는 "1일 작업 시간 : 평균 오전 8시부터 오후 9시까지"라고 되어 있습니다. 그러니까 하루에 평균 13시간 정도인데 이를 신문 기사에서는 3시간이나 더 늘렸으니 잘못된 보도가 아닐까요?

**전태일**　　나 변호사의 말처럼 잘못된 보도가 맞습니다. 왜냐하면 실제 근무 시간은 16시간을 훨씬 넘었기 때문입니다.

**나대로 변호사**　　네에? 그게 무슨 엉뚱한 말인가요?

**전태일**　　당시 노동자들은 며칠 밤을 꼬박 새우며 일하는 날도 많았습니다. 그런 철야 작업까지 통계를 낸다면 하루 평균 18시간도 넘게 나옵니다. 하지만 진정서에 하루 평균 근로 시간을 18시간 이상으로 적는다면 정부 관리들이 믿지 않을까 봐 줄이고 줄여 13시간 정도로 했던 것입니다.

**나대로 변호사**　　하지만 피고의 주장만 듣고 당시 평화시장 근로자들의 근로 실태를 이해하는 것은 무리가 있습니다. 그래서 저는 평화시장주식회사의 임원이셨던 최평화 씨를 증인으로 신청합니다.

**판사**　　인정합니다.

잠시 후 최평화가 증인으로 출석해 선서를 마쳤다.

**나대로 변호사**　　방금 전 피고는 평화시장 근로자들이 하루 평균 18시간 이상 근무했다고 했는데 사실입니까?

　　왜 전태일은 바보회를 만들었을까?

**최평화** 그건 터무니없는 거짓입니다. 우리 업주들도 사람인데 어떻게 하루 평균 18시간씩 일을 시켰다는 것인지…….

**임예리 변호사** 걸핏하면 철야 작업을 시키고 졸지 못하게 강제로 각성제를 먹인 것이 사실이 아닌가요? 그런 시간까지 근무 시간에 포함시켜 평균을 내면 18시간이 넘습니다. 그렇지 않습니까?

**나대로 변호사** 지금은 내가 질문하는 시간이니 증인은 임 변호사의 질문에 답변하지 않아도 됩니다.

**최평화** 아닙니다. 답변하겠습니다. 임 변호사는 철야 작업을 포함해 예를 들었는데 그건 일 년에 두 번 정도밖에 되지 않습니다. 다시 말해 추석과 설날을 앞두고 주문이 밀릴 때만 철야 작업을 했지 날마다 그랬던 건 아닙니다. 오히려 여름철은 장사가 안 되는 비수기여서 하루 종일 빈둥빈둥 노는 날이 많았습니다. 그런 때에도 업주들은 손해를 감수하면서 월급을 꼬박꼬박 지불했습니다.

**나대로 변호사** 무노동 무임금이란 말이 있듯 일을 안 했으면 월급을 안 주어도 되는 것 아닌가요? 정말 그때 업주들은 인심도 좋았던 것 같습니다. 증인은 평화시장주식회사를 대표해 피고 등과 협상하셨지요? 그때 피고 등 노동자들이 요구한 것은 무엇이었습니까?

**최평화** 한두 가지가 아니라서 모두 기억하지는 못합니다. 대체로 작업 시간과 휴일, 건강 진단, 월급 인상 등을 요구했던 것 같습니다.

**나대로 변호사** 제가 그때 피고 등이 요구한 내용 중 몇 가지만 읽어 보겠습니다. "1. 작업 시간은 여름은 오전 8시부터 오후 7시까지로 하고, 겨울은 오전 9시부터 오후 8시까지로 한다, 3. 작업 시간

1969년 12월 평화시장에서 재단 보조와 함께 있는 전태일(오른쪽)

을 어기는 기업주에 대해서는 본회(삼동친목회)의 명의로 고발 조치한다, 5. 시다들의 월급은 현 3000원 기준에서 100퍼센트 인상하여 최하 6000원으로 한다" 등입니다.

**최평화**    아, 이제야 기억나는군요.

**나대로 변호사**    증인은 이런 요구를 듣고 어떤 생각이 드셨습니까?

**최평화**    참으로 무리한 요구를 한다고 생각했고 노동자들이 철딱서니 없다고 느꼈습니다. 우리 사업주들이 자본을 투자해 공장을 만들지 않았다면 빈둥빈둥 놀았을 친구들이 근로 시간을 따지고 월급을 올려 달라 요구하는 게 말이 안 되는 것이죠.

**나대로 변호사**    그래서 요구를 쉽게 들어줄 수 없었군요?

**최평화**    당연하지요. 그런 요구를 모두 들어주었다간 회사가 쫄딱 망할 텐데 어떻게 들어줍니까?

**나대로 변호사**    알겠습니다. 이상, 신문을 마칩니다.

잠시 후 임예리 변호사가 반대 신문을 시작했다.

**임예리 변호사**    증인은 피고 등이 제시한 것이 무리한 요구라고 했는데 당시 근로 기준법에는 하루 근무 시간을 8시간으로 정했습니

왜 전태일은 바보회를 만들었을까?

다. 그럼에도 피고 등이 제시한 근무 시간은 하루 11시간
이었습니다. 법으로 정한 것보다 3시간이나 늘렸는데 무
리한 요구라니, 그게 말이 됩니까?

**최평화**　솔직히 말해 우리 사업주들이 노동자들과 마주
앉아 대화를 나눈 것 자체가 엄청난 양보를 한 것이었습니다. 그런
데 근로 시간을 줄여 달라, 월급은 100퍼센트 인상해 달라고 요구했
으니 누가 그런 요구를 선뜻 들어주겠습니까?

**임예리 변호사**　그래서 증인 등은 "너희들의 요구를 모두 들어주기
는 힘드니 조금만 참고 기다려라. 그러면 환풍기 설치와 조명을 밝
게 하는 문제를 생각해 보겠다"라고 했지요. 그렇지 않습니까?

**최평화**　맞습니다.

**임예리 변호사**　하지만 그런 사업주들의 답변이야말로 어처구니가
없는 것입니다. 피고 등이 요구한 것은 근로 기준법을 지켜 달라는
것이었습니다. 그나마 업주들의 입장을 생각해 최대한 양보해서 노
동자들이 기본적으로 누려야 할 권리를 보장해 달라고 하소연한 것
입니다. 그런데 증인 등은 그런 요구는 무시한 채 고작 조명과 환풍
기 시설을 개선할 것을 생각해 보겠다고 했습니다. 노동자들을 기만
한 것입니다.

**최평화**　어쨌든 회사에서는 더 이상 양보할 수가 없었습니다. 더
구나 그 회의를 결렬시킨 책임은 피고에게 있습니다.

**임예리 변호사**　환풍기 설치와 조명 교체는 사업주들이 당연히 해야
할 일이지 양보가 아닙니다. 따라서 증인 등 사업주들이 노동자들에게

양보한 것은 아무것도 없었습니다. 끝까지 책임을 회피하시는군요.

**최평화**    나는 이번 재판의 증인으로 나왔을 뿐입니다. 임 변호사가 자꾸 내게 책임을 물으려고 하니 기분이 나쁘군요.

**임예리 변호사**    책임 추궁이 아니라 진실을 말해 달라고 부탁한 것뿐입니다. 하지만 더 들을 필요도 없겠군요. 반대 신문을 마치겠습니다.

**판사**    증인은 돌아가서도 괜찮습니다. 이상으로 오늘 재판을 마칩니다. 오늘은 평화시장을 비롯한 청계천 주변 노동자들의 근로 실

왜 전태일은 바보회를 만들었을까?

태와 피고가 근로 기준법을 연구한 과정, 그리고 서울시청과 노동청, 각 언론사를 대상으로 노동자들의 처지를 호소하기까지의 과정에 대해 많은 진술이 나왔습니다. 무엇보다 노동자들의 근로 실태가 『경향신문』 등 언론에 보도되어 노동자들이 큰 용기를 얻었다는 부분이 관심을 끌었습니다. 다음 재판에서는 피고가 왜 분신자살이란 극단적인 선택을 했으며 그 사건이 우리나라 노동 운동에 어떤 영향을 주었는지 살펴보겠습니다. 다음 재판은 일주일 뒤에 열립니다.

  땅, 땅, 땅!

오늘은 전태일의 노동 운동과 관련해 두 번째 재판이 열렸습니다. 이번 재판에서는 전태일이 노동 운동을 벌이게 된 원인을 살펴보았습니다. 피고 전태일이 평화시장에서 목격한 청계천 노동자들의 실상, 그리고 근로 기준법에 대한 전태일의 관심과 청계천 노동자들의 설문 조사, 관계 기관과 언론사를 통한 호소 등 여러 가지 일들을 알 수 있는 시간이었습니다. 그럼 오늘 재판에서 증인으로 참석했던 최평화, 김개남 씨의 소감을 들어보겠습니다. 먼저 최평화 씨에게 마이크를 넘깁니다.

**다알지 기자**

왜 전태일은 바보회를 만들었을까?

**최평화**

　존경하는 역사공화국 시민 여러분, 저는 세계 평화를 으뜸으로 생각하는 최평화라고 합니다. 나는 원고인 자본가 선생과 마찬가지로 평화시장의 상인이며 주주였습니다.

　나는 피고 전태일과 같은 가난한 노동자들의 주장이 이해가 안 됩니다. 사람은 누구나 제 팔자대로 태어난다고 생각하기 때문이지요. 그렇다고 가난한 집안에서 태어난 사람들이 잘못이라는 뜻은 아닙니다. 그저 가난한 집에서 태어났다면 자신의 신분에 만족하고 인생을 긍정적으로 바라보며 사는 게 좋다는 말이지요. 노동자 신분인 주제에 부자들을 증오하고 자신들의 권리를 주장하며 데모를 일삼으면 사회가 어떻게 되겠습니까? 사회가 어지러워지고 부자들은 투자를 안 할 겁니다. 결과적으로 노동자들만 불리해지는 것이지요. 노동자들은 왜 그걸 모르는 것일까요?

**김개남**

여러분, 방금 최평화 씨의 이야기를 듣고 열 받으셨지요? 부자들은 다 똑같다니까요.

1퍼센트의 부자들을 위해 99퍼센트의 대중들이 허리띠를 졸라매고 인간 이하의 대접을 받아야 한다면 이건 불공평한 일이 아닙니까? 여러분은 내가 가명으로 쓰고 있는 김개남이란 이름을 들으면 누가 떠오르십니까? 전봉준과 함께 갑오 농민 전쟁을 이끌었던 역사 속의 인물 김개남이 떠오르지 않습니까? 김개남 선생이 '남쪽을 연다'는 뜻의 개남(開南)으로 이름을 지은 이유가 뭐겠습니까? 남쪽이란 새로운 세상을 상징하는 말입니다. 즉, 사회를 개혁해 새로운 세상을 열고자 하는 마음을 담은 것입니다. 나 역시 전태일의 친구로 살기 좋은 세상을 만들기 위해 김개남이란 가명을 쓴 것입니다.

자신의 운명을 개척하고 더 나은 세상을 위해 노력할 때 가치를 찾을 수 있는 게 아닐까요? 나는 이번 재판에서 피고 전태일이 승리할 것임을 100퍼센트 확신합니다.

왜 전태일은 바보회를 만들었을까?

# 전태일은 왜
# 근로 기준법을 불태웠을까?

# 아름다운 청년,
# 노동 운동의 불씨가 되다

**판사** 　지난번에 예고했던 것처럼 오늘 재판에서는 피고 전태일이 왜 분신자살을 해야만 했는지, 그리고 그가 이끌었던 노동 운동이 사회에 어떤 영향을 주었는지 살펴보겠습니다. 먼저 임예리 변호사부터 변론하세요.

**임예리 변호사** 　1970년 10월 7일, 『경향신문』 등의 언론 보도로 청계천 노동자들의 실상이 알려지자 노동자들이 큰 용기를 얻고 자신감을 가지게 된 반면, 노동청과 업주들은 한동안 궁지에 몰렸습니다.

**판사** 　왜 그런 것인가요?

**임예리 변호사** 　1971년 4월 27일 제7대 대통령 선거를 앞두고 있었기 때문입니다. 이 선거는 당시 대통령이었던 박정희에게 매우 중요한 의미가 있었습니다. 박정희는 1961년 5·16 군사 정변으로 최고

권력자가 되었으며 1963년(제5대)과 1967년(제6대) 대통령 선거에서 차례대로 당선되었습니다. 본래 우리나라 헌법에는 대통령의 임기를 4년 중임제로 정했기 때문에 두 차례의 임기를 마친 박정희는 세 번째 대통령 선거에 출마할 수 없었습니다.

회유
어루만지고 잘 달래어 시키는 말을 듣게 하는 것을 말합니다.

하지만 ▶당시 박 대통령과 민주 공화당에서는 대통령 3선 개헌안을 강제로 추진해 통과시켰습니다. 그렇게 하여 박 대통령이 장기 독재할 수 있는 길을 열었던 것인데 그때도 나라의 경제를 발전시킨다는 명분을 내세웠습니다. 이때 국민들은 큰 분노와 배신감을 느꼈으며 야당 후보였던 김대중에게 관심을 가지게 되었습니다. 따라서 선거를 6개월 정도 앞두고 있던 박정희 정권은 야당과 언론의 흐름에 신경을 써야만 했지요. 그런 때에 평화시장 노동자들 문제가 보도되었으니 한동안 안절부절못했던 것입니다.

**판사** 하지만 그들이 궁지에 몰린 것은 잠깐 동안이었죠?

**임예리 변호사** 처음엔 노동청 관리들이 허겁지겁 실태 조사를 하겠다거나 근로 기준법을 위반한 업체들을 고발하겠다며 수선을 피웠습니다. 그런가 하면 전태일 등을 회유해 더 이상 노동 운동을 벌이지 못하게 했습니다. 당시 피고를 비롯해 몇몇 삼동회 간부들은 직장에서 쫓겨난 때였습니다. 그것을 알고 있던 노동청 간부들은 "너희들, 그렇게 직업도 없이 돌아다니지 말고 하루빨리 취직해라. 그러면 일주일 안에 모든 요구 사항을 들어주겠다"라고 했습니다. 삼동회 간부들은 그들

교과서에는

▶ 박정희 정부는 장기 집권을 위해 3선 개헌을 강행하여 국내외에서 비판을 받았습니다.

의 말을 믿고 너도나도 취직을 했습니다. 재단사였던 전태일도 직급을 낮춰 재단사 보조로 취직할 정도였습니다. 하지만 노동청 관리들은 언제 그랬냐는 듯 말을 바꿨습니다.

**판사**　그래서 항의 시위를 벌였습니까?

**임예리 변호사**　서울시청 근로 감독관이나 노동청 관리들이 처음부터 자신들의 요구를 들어줄 생각이 없다는 것을 알게 된 삼동회 간부들은 행동으로 보여 주려고 했습니다. 처음엔 10월 20일에 노동청 정문 앞에서 시위를 벌이기로 했지요. 그러나 삼동회 회원들과 청계천 노동자들은 시위를 해 본 경험이 없었습니다. 그들은 오직 권력자와 자본가들이 시키는 대로 일을 했을 뿐, 그런 억압에 대해 저항해 본 적이 없어서 시위에 참여하는 것을 두려워했습니다. '혹시 시위에 나섰다는 이유로 직장에서 다시 쫓겨나면 어쩌나, 내가 돈을 못 벌면 우리 가족들 모두 힘들어질 텐데 어쩌지?' 하고 깊은 고민에 빠졌습니다.

**판사**　그래서 시위를 포기했습니까?

**임예리 변호사**　그렇지 않습니다. 시위 준비는 계속되었고, 청계천 노동자들이 10월 20일에 시위를 벌인다는 정보는 노동청 관리들에게도 전해졌습니다. 그날은 노동청에 대한 국회의 국정 감사가 예정되어 있었습니다. 삼동회 간부들이 그날 시위를 벌이려고 했던 이유도 그 때문이었습니다. 노동청 관리들은 국회 의원들에게 꼬투리를 잡히지 않으려고 전태일을 찾아가 "앞으로 근로 기준법을 위반하는 업주들을 강력히 처벌할 것이니 며칠만 참고 기다려 봐라"고 말했습

　왜 전태일은 바보회를 만들었을까?

니다. 이때 피고는 "좋습니다. 하지만 이번에도 약속을 어기면 그땐
가만히 있지 않을 것입니다"라고 하고 기다렸지요.

**판사**　　　그렇다면 시위를 포기한 게 아니고 시기를 늦춘 것이군요.

**임예리 변호사**　　　하지만 위기를 넘긴 노동청 관계자들은 피고 등에
게 했던 약속을 지키지 않았을 뿐 아니라 오히려 피고를 "너희들의
요구는 처음부터 들어줄 수가 없는 것들이다. 그러니 이쯤에서 포기
해라. 그렇게 하면 내가 힘닿는 데까지 너를 도와주겠다"라며 협박
했습니다. 이 말을 듣고 피고는 크게 분노하면서 왜 약속을 번번이
어기느냐고 따졌습니다. 그 뒤 삼동회 회원들과 회의를 열어 10월

24일 오후 1시에 평화시장 국민은행 앞길에서 시위를 열기로 했습니다.

**판사** 그날 시위는 성공적으로 이뤄졌습니까?

**임예리 변호사** 성공이냐 아니냐를 떠나 일단 청계천 노동자들이 처음으로 모였다는 점에서 의의를 찾을 수 있습니다. 시위를 앞두고 삼동회 회원들은 "10월 24일 오후 1시에 좋은 구경거리가 있으니 국민은행 앞길로 나오세요"라고 홍보했습니다. 일반 노동자들이 "무슨 구경거립니까?"라고 물으면 "나와 보면 압니다"라면서 호기심을 자극했지요.

**판사** 혹시 시위를 벌인다는 것을 숨길 정도로 자신감이 없었던 게 아닙니까?

**임예리 변호사** 아무래도 시위를 이끌었던 경험은 물론, 다른 집단의 시위를 한 번도 본 적이 없었으니 노동자들에게는 큰 모험이었을 것이라 생각됩니다.

**판사** 피고는 임 변호사의 추측에 동의합니까?

**전태일** 그렇습니다.

**임예리 변호사** 시위가 예정된 10월 24일 오후 1시가 되자 국민은행 앞길에는 자그마치 500여 명이 넘는 노동자들이 모였습니다. 이때 삼동회 간부들이 막 구호를 외치려는 찰나 평화시장 경비원들이 곤봉을 들고 나타나 노동자들을 해산시키려고 했습니다. 그런가 하면 그 지역을 담당하는 경찰서 정보과 형사들이 삼동회 간부들을 경비실로 불러들여서 그날 시위는 흐지부지 끝나고 말았습니다.

**판사**　그날 형사들은 삼동회 간부들에게 무슨 말을 했습니까?

**임예리 변호사**　형사들은 "시위를 하면 너희들 뜻대로 될 줄 아냐? 어디 맘대로 해 봐라"며 협박했고 그 자리에 있던 평화시장주식회사 간부들은 "삼동회가 요구한 내용은 11월 7일까지 모두 들어줄 테니까 그때까지만 참고 기다려 달라"며 또 회유를 했습니다. 결국 삼동회 회원들은 한 번 더 속는 셈 치고 11월 7일까지 기다리기로 하고 경비실에서 나왔습니다.

**판사**　그런데도 그 약속마저 지켜지지 않았군요.

**임예리 변호사**　그렇습니다. 분노한 삼동회 회원들은 다시 모여서 11월 13일 오후 1시에 대대적인 시위를 벌이기로 뜻을 모았습니다. 또한 시위 때 외칠 구호를 몇 가지 정했는데 "우리는 기계가 아니다!", "1주일에 한 번만이라도 햇빛을!", "하루 16시간 노동이 웬 말이냐?" 등이었습니다. 이때 피고인 전태일은 근로 기준법의 중요 조항을 낭독한 뒤 "이런 법률이 다 무슨 소용인가? 지켜지지도 않는 근로 기준법을 화형시켜 버리자"고 제안했습니다.

**판사**　일종의 퍼포먼스를 벌이려던 것인가요?

**임예리 변호사**　근로 기준법이 죽었다는 것을 상징적으로 보여 주려 한 것이었습니다. 그때만 해도 피고가 분신자살을 할 것이라고 생각한 사람은 아무도 없었습니다.

**판사**　결국 11월 13일, 역사적인 사건이 일어났군요.

**임예리 변호사**　그날은 아침부터 옅은 잿빛 구름이 하늘을 덮고 있

**퍼포먼스**
'무엇인가를 실행한다'는 뜻을 담고 있습니다. 미술가들이 회화나 조각 등 작품이 아닌 자신의 몸을 이용해 자신의 창작 행위를 표현하면서부터 널리 유행하게 되었습니다. 몸으로 표현하는 예술이란 뜻에서 보디 아트 등으로 불리기도 했지요.

던 초겨울이었습니다. 이미 10월 24일에 노동자 500여 명이 모인 적이 있어서 11월 13일의 시위를 앞두고 평화시장 경비원들과 경찰은 삼엄한 경비를 펼치고 있었습니다. 여기에 맞서 삼동회 회원들과 일반 노동자들도 비장한 각오로 시위에 참여했지요. 점심시간이 끝날 때쯤 500여 명의 노동자들이 순식간에 거리를 메웠습니다.

평화시장 3층에 있던 피고는 다른 회원들을 먼저 내려보낸 뒤 10분쯤 지나 『근로 기준법』을 가슴에 품고 국민은행 앞길로 내려갔습니다. 그가 몇 걸음 내딛었을 때 갑자기 그의 온몸이 불길에 휩싸였습니다. 피고는 ▶평화시장 3층에서 온몸에 휘발유를 뿌린 뒤 건물에서 나오는 순간 불을 붙였던 것입니다. 너무 순식간에 일어난 일이라 사람들은 모두 멍하니 바라보고 있었습니다.

이때 피고는 "근로 기준법을 준수하라", "우리는 기계가 아니다", "일요일은 쉬게 하라!" 등의 구호를 외치다가 그 자리에 쓰러졌습니다. 근로 기준법 화형식과 함께 스스로 노동 운동의 불씨가 되었던 것입니다. 삼동회 회원들은 그제야 정신을 차리고 피고에게 달려가 외투를 벗어 불을 껐습니다. 하지만 피고는 이미 심각한 화상을 입어 얼굴을 알아보지 못할 정도였습니다.

**판사** 피고가 그 자리에서 숨진 것입니까?

**임예리 변호사** 아닙니다. 피고는 마지막까지 "내 죽음을 헛되이 말라!"고 외치며 의식을 잃었고 잠시 뒤 도착한 구급차에 실려 근처 병원으로 옮겨졌습니다. 그날 밤 잠깐 동안 의식을 되찾은 피고는 소식을 듣고 급히 달려온 어머니 이소선 여사와 마지막 대화를 나눴습니다.

**판사** 피고가 어머니에게 남긴 유언은 무엇이었습니까?

**임예리 변호사** 마음을 굳게 가지시라고 부탁했습니다. 그러면서 "어머니, 내가 못다 이룬 일 어머니가 꼭 이뤄 주십시오"라고 했습니다. 피고는 삼동회 회원들에게도 같은 말을 남기고 여러 번 다짐을 받은 뒤에야 비로소 눈을 감았습니다.

**나대로 변호사** 재판장님, 피고가 처한 상황이 아무리 어려웠다고 해도 그 방법이 극단적이라면 다른 사람들의 공감을 얻지 못할 것입니다. 피고는 함부로 자기 목숨을 끊었고, 더구나 온몸에 휘발유를 뿌리고 분신자살하여 선량한 노동자들과 시민들에게 매우 큰 충격을 주었습니다. 그런데 임 변호사는 그 일이 무슨 영웅적인 행위라도 되는 듯 진술하고 있습니다.

**임예리 변호사** 나 변호사의 말이 옳다 해도 원고와 같은 자본가, 권력자, 정부 관리들이 번번이 약속을 어기고 피고로 하여금 극단적인 선택을 하게 한 책임이 매우 큽니다. 원고 등은 노동자들을 혹사시키고 끝내 죽음으로 몰아간 일에 대해 어떤 책임을 졌습니까?

**나대로 변호사** 앞에서 여러 번 말했듯이 그 시기에는 경제 발전이 최우선이었습니다. 모든 국민이 잘 먹고 잘살기 위해서는 모두 한마음이 되어 정부의 정책을 따를 필요가 있지 않을까요?

**임예리 변호사** 일인 독재 국가에서는 그런 게 통할지 모르지만 남한은 민주 공화국이며 모든 주권은 국민에게 있습니다. 아무리 경제를 발전시키는 게 중요하다 해도 국민들의 인권과 민주주의마저 억

눌러선 안 됩니다.

**판사**    자, 그런 논쟁은 다음 기회에 '끝장 토론' 형식으로 벌이기 바랍니다. 나대로 변호사는 따로 변론할 내용이 있습니까?

**나대로 변호사**    피고의 극단적인 선택이 얼마나 많은 사람들에게 충격을 주었는지 알아보기 위해 당시 평화시장의 안전을 맡았던 경비원의 증언을 듣고자 합니다.

**판사**    인정합니다. 증인은 증인 선서를 하십시오.

**나대로 변호사**    증인은 피고의 분신자살이 있기 전까지 평화시장에서 몇 년 동안 근무했습니까?

경비원    평화시장이 완공된 뒤부터 일했으니 10년이 넘었습니다.

**나대로 변호사**    꽤 오랫동안 근무하셨는데 그전에도 피고처럼 시위를 일으킨 사람이 있었습니까?

경비원    그런 사람은 한 명도 보지 못했습니다.

**나대로 변호사**    증인은 피고의 분신자살 사건 전에 피고를 개인적으로 만난 적이 있습니까?

경비원    여러 번 만났습니다. 전태일은 평소에 성실한 데다 인사성도 밝아 나와 마주칠 때마다 큰 소리로 인사를 했고, 이것저것 개인 사정을 묻기도 해서 내게 깊은 인상을 주었습니다.

**나대로 변호사**    그렇다면 피고가 자신의 몸에 불을 질러 자살했을 때 증인은 다른 사람보다 큰 충격을 받았겠군요.

경비원    물론입니다. 그날, 우리 경비들은 시위가 열린다는 소식을 듣고는 바짝 긴장했습니다. 우리는 비번이던 동료들까지 불러 시위를 막을 방법을 고민했어요. 그런데 막상 시위가 시작되었을 때는 전태일을 빼고는 평화시장 주변이 조용했습니다. 그만큼 전태일의 분신자살이 모두에게 큰 충격을 주었던 것입니다. 나 역시 매우 큰 충격을 받고 꼭 그런 선택을 해야만 했는지 깊이 생각해 보았지요.

**나대로 변호사**    그래서 어떤 결론을 얻었습니까? 피고의 결정이 옳았나요?

경비원    물론 옳은 선택은 아니었습니다만 오죽 답답하면 그랬을까 싶었습니다. 안타까운 마음이 들어 그날 동료들과 술을 많이 마섰습니다.

**나대로 변호사**    네에? 대체 증인은 누구 편을 들러 나온 겁니까?

경비원    누구 편이라니요? 나는 방금 오직 진실만을 말할 것이라고 선서했는데 이 자리에서 원고 편을 들어야 합니까?

**나대로 변호사**    아니, 됐습니다. 이상입니다.

**판사**    임예리 변호사, 반대 신문하시겠습니까?

**임예리 변호사**    없습니다. 증인이 이미 저희가 듣고 싶은 답변을 모두 해 주셨습니다.

# 청계천의 역사

청계천은 북악산과 인왕산, 남산의 개울물이 합쳐져 서울 서쪽에서 동쪽으로 흘러 한강과 연결되는 하천으로, 길이는 약 11km입니다. 조선 시대만 해도 개울물이 흐르는 냇가라는 뜻으로 '개천'이라고 불렸는데 일제 강점기 때부터 청계천으로 불리기 시작했습니다.

조선 시대에 청계천은 큰 비가 내릴 땐 홍수가 났으며 평상시에는 사람들이 버린 오염된 물이 고여 매우 지저분했습니다. 그래서 조선 초기부터 정비 사업이 이어졌습니다. 특히 태종은 군졸 5만 명을 동원해 청계천 바닥을 파내고 물이 잘 흐르게 만들었지요. 세종 때는 광통교를 비롯해 수표교 등 청계천의 남북을 연결하는 다리를 건설했습니다. 그 뒤에도 오간수교, 영미교, 관수교 등이 만들어져 청계천에는 모두 24개의 다리가 놓였습니다.

일제 강점기가 시작되면서 서울에는 약 17만 명의 일본인이 살았는데 그들 대부분은 개천의 남쪽인 남산 기슭에 자리 잡았습니다. 이때 조선 총독부는 청계천 정비 사업을 해마다 벌였고 그 결과 청계천에는 맑은 물이 흘러 한때 그곳에서 빨래를 했다는 기록도 있습니다.

하지만 광복 후 6·25 전쟁 등 수난을 겪으면서 청계천의 물은 심하게 오염되었습니다. 청계천을 따라 하천 양쪽으로 판잣집이 마구 들어선 데다 그곳 빈민들이 생활하수와 배설물까지 마구 버렸기 때문입니다.

이에 따라 정부와 서울시는 1958년부터 1970년까지 청계천을 여러 구간으로 나누어 덮개를 만들어 뒤집어씌웠습니다. 이 복개 공사로 청계천 주변에서는 악취가 사라졌고 종로, 을지로, 퇴계로 등과 함께 서울 도심을 동서로 잇는 '청계천로'가 만들어졌습니다. 또한 이때부터 청계천 주변은 우리나라의 상업 중심지로 탈바꿈했습니다.

하지만 군사 독재 정권이 물러나고 산업화가 어느 정도 완성된 1990년대부터 청계천을 본래의 모습으로 되살려야 한다는 여론이 일기 시작했습니다. 그 결과 2003년, 당시 서울시장이었던 이명박이 청계천 복원 공사를 벌여 청계천을 덮고 있던 콘크리트와 수천 개의 기둥을 없애고 인공적으로 물이 흐르게 하여 오늘날과 같은 모습을 갖추게 되었습니다.

특히 청계천 6가 주변에는 전태일 동상과 다리, 기념 동판 등이 세워져 있어 산업화 시대를 이끈 청계천 노동자들의 고달픈 삶을 되새기게 합니다.

전태일의 모습을 본뜬 동상

왜 전태일은 바보회를 만들었을까?

# 내 죽음을 헛되이 말라

**임예리 변호사**  재판장님, 저는 피고가 이끌었던 노동 운동이 그 뒤 우리 역사에 남긴 영향을 알아보기 위해 조영래 변호사를 증인으로 신청합니다.

**판사**  인정합니다. 나 역시 존경하는 선배 법률가이신 조영래 변호사를 모시게 되어 영광입니다.

잠시 뒤 조영래 변호사가 출석해 증인 선서를 마쳤다.

**임예리 변호사**  증인은 1947년 대구에서 태어나셨으니, 1948년 대구에서 태어난 피고와 고향이 같으며 나이도 비슷하군요.

**조영래**  그렇습니다. 내가 큰 어려움 없이 학업에만 전념하는 동안 전태일 선생은 참으로 파란만장한 청소년기를 보냈다는 점에서 미안한 마음이 듭니다.

**임예리 변호사**  증인은 서울대 법대를 졸업하고 사법 시험을 준비하던 중 전태일 분신자살 사건을 알게 되셨습니다. 그 뒤 박정희 정권의 독재 정치에 항거하여 여러 번 시위를 주도하다가 1년 6개월 동안 옥고를 치르셨고, 6년 동안 수배 생활을 하셨습니다. 그런 가운데서도 사회 개혁가이자 대표적인 인권 변호사로 활동하셨습니다. 『전태일 평전』을 비롯해 『진실을 영원히 감옥에 가두어 둘 수는 없습니다』, 『조영래 변호사 변론 선집』 등의 책을 지으셨는데 제가 말한 내용이 모두 사실입니까?

조영래  사실입니다.

**임예리 변호사**  증인의 여러 저서 중에서 『전태일 평전』은 증인의 대표작이며 지금도 수많은 독자들이 찾고 있는 명저로 손꼽히고 있습니다. 증인은 어떻게 『전태일 평전』을 쓰게 되셨나요?

조영래  전태일 선생이 평화시장 앞에서 분신자살할 무렵, 나는 서울대학교 법과대학원을 다니며 사법 시험을 준비하고 있었습니다. 그때만 해도 평화시장 노동자들이 열악한 환경 속에서 인간 이하의 대접을 받고 있다는 걸 몰랐던 나는 전태일 선생의 소식을 듣고는 큰 충격을 받았습니다. 법률을 공부하면서 인권과 민주주의를 위해 앞장서겠다고 다짐했던 내가 근로 기준법이 제대로 지켜지지 않고 있다는 걸 처음 알았으니 여간 부끄럽지 않았지요. 나는 그때부터 전태일 선생에게 깊은 관심을 가지고 우리나라의 노동 운동이

왜 전태일은 바보회를 만들었을까?

어떻게 발전하는지 지켜보았습니다.

　이듬해인 1971년, 나는 사법 시험에 합격해 사법 연수원에 들어갔는데 그때 정부가 조작한 '서울대생 내란음모 사건'으로 구속되어 1년 6개월 형을 선고받았습니다. 감옥에서 풀려난 뒤에는 **민청학련 사건**으로 다시 수배를 받아 6년 동안 쫓기는 생활을 했습니다. 그 기간 동안 나는 전태일의 짧은 생애를 정리하기로 마음먹고 여러 자료와 증언을 바탕으로 글을 썼는데 그게 『전태일 평전』으로 결실을 맺은 것이죠. 처음 책의 제목은 『어느 청년 노동자의 삶과 죽음』이었습니다.

**임예리 변호사**　『전태일 평전』은 그 뒤 우리나라의 민주화와 노동 운동, 전태일의 생애를 이해하는 데 매우 중요한 역할을 했는데 책이 출판된 것은 언제인가요?

**조영래**　내가 원고를 모두 끝낸 것은 1976년이었지만 당시에는 유신 독재가 매우 심할 때라 감히 책을 펴낼 엄두를 내지 못했습니다. 그래서 2년 뒤인 1978년에 『불꽃이여! 나를 태워라!』라는 제목으로 일본에서 먼저 펴냈습니다. 그 뒤 1979년 10·26 사태로 유신 독재가 무너지고 전두환 군사 정권이 들어선 1983년에야 비로소 『어느 청년 노동자의 삶과 죽음-전태일 평전』이란 제목으로 책을 펴낼 수 있었습니다. 전태일 선생이 장렬하게 죽은 지 13년 만의 일이었지요. 하지만 여전히 군사 독재의 탄압이 심해, 저자 이름을 제대로 밝히지 못했고 원고 내용도 많이 고쳐야 했어요. 나는 1990년 12월에 세상을 떠났는데 이듬해인 1991년에 비로소 『전태일 평전』 개정판이 출

**민청학련 사건**
1974년 4월 전국민주청년학생총연맹(민청학련)이 불순 세력의 조종으로 반체제 운동을 벌였다며 긴급 조치 4호에 의해 민청학련을 중심으로 180명을 구속·기소한 사건을 가리킵니다.

판되었고 그때 내가 그 책의 저자라는 사실이 밝혀진 것입니다.

**임예리 변호사**　피고 전태일은 1970년 11월 13일에 숨졌습니다. 그로부터 사흘째 되던 11월 16일 서울대학교 법과대학 학생 100여 명이 '민권수호학생연맹 준비위원회'를 만들었습니다. 그 이유가 무엇입니까?

**조영래**　당시 학생들은 전태일의 죽음에 매우 큰 충격을 받았습니다. 전태일은 평소에 학업에 대한 열망이 컸지만 그가 놓인 비참한 현실 때문에 고작 중학교 2학년 중퇴가 학력의 전부였습니다. 그래서 바보회, 삼동친목회 활동을 할 당시 '내게도 대학생 친구가 하나쯤 있었으면……' 하는 아쉬움을 나타내고는 했지요. 하지만 그는 학력이 높았던 대학생들도 해내지 못한 역사적인 업적을 이뤄 냈습니다.

전태일이 스물두 살의 나이로 세상을 떠났을 때 철학자이며 사상가, 민주화 운동의 선구자로 추앙받던 함석헌 선생은 그를 가리켜 이를 때 '전태일 선생'이라고 했습니다. 나이가 마흔일곱 살이나 위인데도 말입니다. 함석헌 선생이 그렇게 부른 이유는 나이가 많고 적음을 떠나 주어진 삶에서 제 할 바를 다했던 전태일의 생애가 그만큼 존경스러웠기 때문입니다. 서울대학교 학생들이 들고일어난 것도 마찬가지 이유라고 봅니다. 그들은 민권수호학생연맹 준비위원회를 조직한 뒤 서울대 법대 학생장으로 전태일의 장례식을 치르기로 하고 어머니 이소선 여사의 허락을 받았습니다.

**임예리 변호사**　그 일로 전태일을 추모하는 열기가 뜨겁게 일어났다는 게 사실인가요?

　왜 전태일은 바보회를 만들었을까?

**조영래**  그렇습니다. 서울대학교 법과대학에 이어 상과대학 학생 400여 명이 집회를 열어 정부의 정책을 비판하는 무기한 단식 투쟁을 시작했습니다. 11월 20일에는 서울대학교 법과대학생 200여 명과 문리과대학생 100여 명, 이화여자대학생 30여 명이 모여 전태일 추도식을 열었습니다. 같은 날 연세대학생 200여 명, 고려대학생 300여 명도 정부의 개발 독재를 비판하는 '국민권리 선언문'을 낭독했습니다. 그 일로 서울대학교에는 무기한 휴교령이 내려졌습니다. 하지만 이런 탄압에 맞서 11월 21일부터는 각 대학생들과 종교인들까지 나서 전태일의 죽음에 항의하는 시위를 벌였습니다. 그런가 하면 전국의 노동자들도 전태일의 정신을 이어받자며 노동 운동을 벌였습니다.

**임예리 변호사**  언론과 야당에서도 정부의 노동 정책에 항의했지요?

**조영래**  『조선일보』는 1970년 12월 15일자 신문에서 "지금까지는 오로지 경제 개발을 위하여 근로자에게 저임금과 열악한 근로 조건을 강요해 왔던 것인데, 그러한 정책이 점차 한계점에 도달했다"면서 노동 정책을 근본적으로 바꿔야 한다고 주장했습니다. 당시의 야당이던 신민당의 대통령 후보 김대중은 대통령 선거 공약 중 일곱 번째로 '전태일 정신의 구현'을 내세웠습니다.

사실 전태일의 분신자살이 일어나기 전만 해도 언론이나 정치인들이 노동자들의 열악한 근로 환경에 대해 이야기한 적은 거의 없었습니다. 그러나 사건이 일어난 1970년 겨울부터 1971년 봄까지 전태일이라는 이름은 신문과 방송, 잡지 등의 언론 매체와 정치인들의 선전 구호, 종교인들의 기도, 노동자와 학생들의 시위 구호를 통해 사회에 알려졌습니다.

**임예리 변호사**　하지만 1971년 대통령 선거 때 박정희 후보가 당선된 후 사정이 달라졌지요?

청계천 전태일 다리 위의 동상

조영래　그렇습니다. 박정희는 3선에 성공한 뒤 '국가 비상사태 선포', '국가 보위에 관한 특별조치법' 등을 선포해 국민의 집회와 시위를 비롯해 노동 운동을 엄하게 금지했습니다. ▶1972년 10월에는 악명 높은 '10월 유신'을 선포해 1979년 10월 26일, 부하인 중앙정보부장 김재규에게 사살당할 때까지 유신 독재를 펼쳐 나갔습니다. 박정희의 죽음으로 유신 체제는 하루아침에 무너졌는데 그 전에 일어났던 YH무역 농성사건, 부마항쟁 등이 10·26 사태의 원인으로 알려지고 있습니다.

　이때부터 사회 각계각층에서는 민주화와 인권 향상을 주장하는 수많은 시위가 일어났는데 그런 과정에서 전태일이 펼친 노동 운동이 새롭게 조명되었고 오늘날까지 매우 큰 영향을 끼치고 있습니다. 근래에 복원된 청계천에는 '전태일 거리'가 생기고 전태일 동상 등이 세워져 그의 생애와 사상을 추모할 수 있게 되었습니다. 이것도 그런 영향의 하나라고 볼 수 있지요.

**교과서에는**

▶ 1971년 대통령 선거에서 어렵게 당선된 박정희 대통령은 정상적인 방법으로는 정권을 유지하기 어렵다고 판단하여 이듬해 유신을 선포합니다. 유신 체제의 확립으로 사실상 장기 집권을 할 수 있는 길을 연 것이지요.

**임예리 변호사**　　증인은 피고 전태일의 노동 운동이 우리 현대사에 어떤 영향을 끼쳤다고 생각하십니까?

**조영래**　　그것은 1971년 『동아일보』 신년호 기사가 잘 보여 주고 있습니다. 그 기사에 따르면 6·25 전쟁은 1950년대를, 4·19 혁명은 1960년대를 상징하는 것처럼 전태일 분신자살은 1970년대의 한국의 노동 문제를 상징하는 가장 중요한 사건이라고 했습니다.

　▶당시 권력자들은 경제를 먼저 발전시킨 뒤 분배를 하자는 선성장 후분배 정책을 펼쳤습니다. 대기업을 중심으로 국가 경제가 성장해야 일반 서민과 노동자들도 그 열매를 나눌 수 있게 된다는 논리였습니다. 그러나 성장의 열매는 대기업과 정부, 자본가 등에게만 돌아갔을 뿐 서민과 노동자들은 더욱 허리띠를 졸라매야 하는 상황이 이어졌습니다. 노동자들은 세계에서 가장 긴 근로 시간에 혹사당했으며 가장 저렴한 임금을 받으면서도 저항할 수가 없었습니다. 전태일 사건은 그런 한국인 노동자의 참혹한 실상을 세상에 고스란히 알리는 계기가 되었습니다. 전태일 사건은 1970년대의 노동 운동의 불씨가 되었지요. 이후 전태일의 뜻을 이어받은 평화시장 노동자들은 11월 27일, '전국연합노조 청계피복지부'를 조직했습니다.

**임예리 변호사**　　말씀 감사합니다. 이것으로 질문을 마치겠습니다.

**판사**　　나대로 변호사 반대 신문하시겠습니까?

**나대로 변호사**　　네. 혹시 증인은 전태일의 죽음과 그가 남긴 영향력에 대해 지나치게 높이 평가하는 것은 아닌가

왜 전태일은 바보회를 만들었을까?

요? 그의 죽음은 그저 한 노동자의 죽음일 뿐인데…….

**조영래**　　그렇게 볼 수도 있습니다. 우리 사회에서는 하루에도 수많은 사람들이 죽음을 맞게 됩니다. 늙고 병들어 죽는 사람, 교통사고로 죽는 사람, 탄광이나 공장에서 뜻밖의 사고로 죽는 사람 등 여러 가지 이유로 사람들은 세상을 떠나지요. 전태일도 분신자살한 노동자에 불과합니다. 더구나 그는 학력이나 집안 형편도 보잘것없는 사람입니다. 그런데 나 변호사는 그런 전태일의 죽음에 당시 정치인과 언론인, 노동계, 종교계, 학생, 시민 등 전 사회가 큰 관심을 보인 이유를 생각해 본 적이 있습니까?

**나대로 변호사**　　질문은 제가 했습니다. 증인이 변호사에게 질문을 하다니 황당합니다.

**조영래**　　아마 나 변호사는 그런 이유 따위에 관심을 두지 않았을 것입니다. 그렇다 해도 비난하진 않겠습니다. 하지만 전태일의 죽음은 여느 사람의 죽음과 다릅니다. 내가 쓴 『전태일 평전』 중 한 대목을 읽는 것으로 진술을 마칠까 합니다.

"노동자의 죽음은 이름이 없다. 그러나 전태일의 경우는 달랐다. 그는 초등학교도 제대로 다니지 못하였고 평생을 주린 창자가 차도록 밥 한 끼 포식해 본 일이 드물었으며 죽을 때까지도 무허가 판자촌에서 살았지만, 비록 그를 아무도 알아 주지 아니하고 누구에게도 존경을 받아 보지 못하고 이름 없이 살아온 **핫빠리** 인생이었지만, '내 죽음을 헛되이 말라!'고 외치며 죽어간 그의 죽음만은 세상에 알려졌고, 세상에 충격을 주었고, 마침내 얼음처럼 시리고 차디찬 현실

**핫빠리**
품위나 지위가 낮은 사람을 낮잡아 이르는 '하바리'의 비속어입니다.

을 뚫는 불꽃이 되어 하나의 사건으로, 역사적인 사건으로 기록되게 되었다. 그의 죽음이 세상에 던진 충격, 그의 죽음이 우리 민중의 역사에 끼친 영향은 오늘 이 시점까지도 충분히 측량할 수가 없다"

**나대로 변호사** 읽어 주신 대목을 듣다 보니 저도 증인처럼 글을 잘 쓰는 변호사가 되고 싶군요. 이상으로 질문을 마칩니다.

**판사** 증인은 퇴정하셔도 됩니다. 지금까지 모두 수고하셨습니다. 이것으로 피고 전태일의 노동 운동과 분신자살 사건을 다룬 재판이 막바지에 이르렀습니다. 원고와 피고의 치열한 법정 공방과 증인들의 진술은 최종 판결에 반영될 것입니다. 잠시 휴정한 뒤 양측의 최후 변론을 듣고 재판을 마치겠습니다.

땅, 땅, 땅!

왜 전태일은 바보회를 만들었을까?

# YH무역 농성사건과
# 유신 체제의 종말

　박정희 대통령은 1972년 10월에 영구적인 집권을 하기 위해 유신 헌법을 만들었습니다. 유신 헌법은 대통령을 간접 선거로 뽑게 했으며 중임 제한 규정이 없었습니다. 따라서 박정희는 스스로 물러나지 않는 한 목숨이 다할 때까지 대통령을 할 수 있었습니다. 이렇게 시작된 제4공화국은 흔히 유신 체제라고 부릅니다.

　유신 체제가 시작되자 대학생과 시민, 민주 인사, 야당 정치인들이 끝없이 유신 체제를 반대하는 투쟁을 벌였습니다. 그러자 박정희는 계엄령, 긴급 조치 등의 억압적인 방법으로 집회와 시위, 언론, 출판 등의 자유를 제한했고 이를 어기는 사람들을 가혹하게 탄압했습니다. 이에 따라 우리 사회는 몇 년 동안 암흑기를 맞았으며 누구도 대통령을 비판하거나 정부 정책에 반대할 수 없었습니다.

　이처럼 암울한 시기를 보내고 있던 1979년 8월이었습니다. 당시 'YH무역'이란 회사의 종업원들이 야당이던 신민당사로 들어가 철야 농성을 벌였습니다. YH무역은 1960년대에 만들어진 회사로 가발을 수출해 순식간에 대기업으로 성장했습니다. 그때만 해도 가발은 우리나라의 주요 수출품 중 하나였습니다. YH무역은 4000여 명의 종업원을 둘 만큼 커졌지만 차츰 수요가 줄어들자 회사 규모를 줄여 나갔습니다. 자연히 YH무역의 노동자들도 수십 명, 수백 명씩 무더기로 해고되었습니다. 그러다가 제2차 석유 파동이 닥치자 YH무역 경영자들은 1979년 8월 초에 아예 회사를 폐업하기로 했는데 이때 YH무역 노동자들이 폐업에 반대하며 대규모 시위를 벌였습니다. 그럼에도 경영자들과 경찰이 탄압하자 8월 9일 200여 명의 노동자들이 신민당사 안으로 들어가 농성을 하게 된 것입니다. 이때 경찰은 불법 시위를 막겠다며 1000여 명의 병력을 신민당사로 들여보내 노동자들을 마구 끌고 갔으며 그 일로 노조 집행위원장이던 김경숙이 숨졌습니다. 게다가 노동자들과 신민당 당원, 기자, 야당 정치인들 수십 명이 강제 연행되거나 구속되는 등 큰 파문이 일어났습니다.

그 일로 신민당 총재였던 김영삼이 의원직에서 제명되었고 분노한 종교계와 학생, 야당 정치인이 유신 체제를 반대하는 대규모 시위를 벌였습니다. 그 중 1979년 10월, 부산과 마산 지역에서 일어났던 '부마항쟁'이 대표적인 시위 항쟁이었습니다. 부마항쟁이 일어나고 유신을 반대하는 여론이 들끓자 일부 권력자들은 그들을 무력으로 진압해야 한다고 했는데 중앙정보부장 김재규는 그렇게 해선 안 된다며 10월 26일, 술자리에서 박정희 대통령을 사살했습니다. 이 사건을 10·26 사태라고 부르며 박정희의 죽음과 함께 악명 높았던 유신 체제도 종말을 맞게 되었습니다.

YH무역 농성사건은 전태일 분신자살 사건의 영향을 받은 것으로 평가되고 1970년대 말의 노동 운동과 민주화 운동에 매우 큰 영향을 끼친 사건입니다.

**다알지 기자**

　　이번 재판이 막바지에 접어든 가운데 휴정
시간을 맞았습니다. 오늘 재판에서는 피고 전태
일이 왜 분신자살이라는 극단적인 선택을 했으며, 그 사건이 한국 현
대사에 어떤 영향을 끼쳤는지 살펴보았습니다. 원고와 피고는 최후의
변론을 앞두고 있는데요, 양측의 변호사들은 어떤 각오인지 들어 보겠
습니다.

**나대로 변호사**

　　역사공화국 시민 여러분. 방청객으로 참여
해 보신 분들은 아시겠지만 이번 재판은 조금
이상하게 돌아갔습니다. 전태일 분신자살 사건
으로 물질적으로나 정신적으로 피해를 본 것은 원고
측인데 이번 재판은 마치 피고 측이 자기 입장을 변명하기 위한 시간
이 아닌가 싶군요. 나는 그동안 수많은 변론을 맡아 나름대로 역사공
화국 최고 변호사로 자부하고 있는데 발언 기회도 별로 없었고 증인들
도 협조를 해주지 않아 괴롭습니다. 그러나 최종 판결이 나올 때까지
정의가 승리한다는 신념을 버리지 않겠습니다.

　　사실 제 의뢰인이신 자본가 선생이 부잣집에서 태어나 물려받은 재
산으로 공장을 차리고 자본을 투자해 돈을 번 것이 잘못은 아니잖습니
까? 그런데 왜 피고는 분신자살을 해서 잔잔한 호수에 파문을 일으킨
건지 모르겠습니다. 더구나 피고의 변론을 맡은 임예리 변호사의 억지
주장을 들으니 화가 치밀어 오릅니다.

**임예리 변호사**

여러분, 안녕하세요? 제가 역사공화국
에서 최고의 미모와 지성을 갖춘 변호사라
는 건 다 알고 계시죠? 저는 이번 사건을 처음
의뢰받을 때부터 승소를 확신하고 있었답니다. 그래서 기꺼이 무료 변
론을 맡았다는 걸 여러분께 자랑하고 싶군요, 호호호!

피고 전태일 선생님은 스물두 살로 생애를 마치는 순간까지 처절한
삶을 살아야 했습니다. 그래서 저는 피고의 전기를 읽으면서 얼마나
많이 울었는지 모릅니다. 그런데 그런 분에게 소송을 제기한 자본가나
그의 법률 대리인인 나대로 변호사가 제 정신인지 의심스럽군요.

노동자들의 인권이 무시당하고 열악한 노동 환경을 묵묵히 견뎌야
한다는 산업화 시대의 논리는 옳은 것이 아닙니다. 아마 자본가든 노
동자든 양심이 있는 분들이라면 내 말이 옳다는 것을 인정하지 않을까
요? 그렇기에 재판장님과 배심원 여러분의 성숙한 인격을 믿고 이번
재판의 승리를 확신합니다. 감사합니다.

나는 일자리를 만들어
그들의 생계를 도왔소!
VS

노동자들의 인권을 무시하고
자신의 이익만 생각한 점을 반성하시오

**판사**　이제 양측의 최후 진술을 듣고 판결을 내리겠습니다. 먼저 원고가 진술하세요.

**자본가**　존경하는 재판장님, 그리고 배심원 여러분. 나는 1960년대와 1970년대의 산업화를 이끌었던 중소기업 경영자 중 한 사람입니다. 나는 당시의 경제 발전 정책을 충실하게 실천했으며 수많은 일자리를 만들어 근로자들과 그 가족들의 생계를 도왔습니다. 요즘 사람들은 자본가라고 하면 색안경부터 쓰고 보지만 우리 사회에 나와 같은 계층이 없었다면 결코 경제 선진국으로 발돋움할 수 없었을 것입니다.

　그럼에도 피고 전태일은 나와 같은 자본가들을 도덕적이지 못한 계층으로 몰아갔을 뿐 아니라 분신자살을 하여 큰 충격을 주었습니다. 또한 자본가들에 대한 나쁜 인식을 심어 주어 수십 년 동안 정신적인 고통을 겪게 하였습니다.

일부 사람들은 1960년대와 1970년대의 산업화 정책을 두고 개발 독재라고 비난하고 있는데 그것은 옳지 않은 주장입니다. 고속도로와 항만 건설, 포항제철소 건설을 비롯한 중공업 육성은 오늘날 우리 경제 발전의 디딤돌이 되었기 때문입니다. 그런 굵직한 사업들을 추진하기 위해서 정부는 개개인의 자유와 인권을 한동안 억압할 수밖에 없었습니다.

존경하는 재판장님, 그리고 배심원 여러분! 피고처럼 자신들의 요구가 뜻대로 받아들여지지 않는다는 이유로 귀중한 생명을 버려서야 될까요? 이런 점에서 나는 수십 년 동안 잃어버렸던 명예를 되찾고 정신적·물질적인 피해에 대해서도 보상받으려고 합니다. 재판장님과 배심원들께서는 이런 점을 고려하여 상식적으로 판결해 주시기 바랍니다.

**판사** 이번엔 피고인 전태일이 최후 진술을 하세요.

**전태일** 나는 이번 재판을 통해 원고의 주장이 얼마나 터무니없었는지 잘 밝혀졌다고 봅니다. 재판에서 이미 말했듯이 나는 가난한 집안에서 태어나 불우한 성장기를 보냈습니다. 나는 10대 후반이던 1966년 무렵에야 비로소 거리를 떠돌던 생활을 청산하고 임금 노동자가 되었습니다. 그때만 해도 내가 노동 운동의 선구자가 될 거라고는 꿈에도 생각하지 못했습니다.

나는 업주들이 요구하는 대로 새벽부터 밤늦게까지 몸과 마음을

바쳐 일하던 평범한 청년이었습니다. 그런 내가 노동 운동의 선구자가 된 것은 누구 때문이겠습니까? 근로 기준법을 무시하고 자신들의 이익만을 추구했던 자본가들 때문이었습니다. 정부의 관료들, 노동환경에 무관심했던 언론도 책임이 큽니다. 그런데도 나 때문에 정신적·경제적인 손해를 보았다며 소송을 제기한 원고의 태도는 적반하장이라 할 수 있습니다.

　재판장님과 배심원 여러분의 현명한 판결을 기대합니다. 아울러 인권을 존중하는 노사 관계를 통해 경제가 튼튼히 발전하길 바랍니다.

**판사**　　지금까지 재판에 참여했던 양측 변호사와 배심원단, 방청객, 그리고 끝까지 자리를 함께 한 기자 여러분들 모두 수고 많으셨습니다. 배심원의 판결서는 4주 후에 저에게 전달될 예정입니다. 배심원의 판결 결과는 공개하지 않을 것이며, 법관의 판결은 배심원의 의견에 구속되지 않습니다. 즉, 배심원의 의견은 참고 사항일 뿐, 이를 법관이 절대적으로 따라야 하는 것은 아닙니다. 나는 다만 배심원의 판결서를 참고하여 4주 이후에 판결문을 공개하겠습니다. 그때까지 방청객과 기자 여러분들도 이번 재판에 대해 각자 판결을 내려 보시기 바랍니다.

땅, 땅, 땅!

## 역사공화국 한국사법정 재판 번호 58 자본가 vs 전태일

---
### 주문
---

역사공화국 한국사 법정은 원고 자본가가 피고 전태일을 상대로 제기한 정신적·물질적 손해 배상 청구를 기각한다.

---
### 판결 이유
---

원고 자본가는 피고 전태일이 평화시장 주변의 동료 노동자들을 선동하여 여러 차례 시위를 일으켜 영업에 큰 피해를 주었으며 1970년 11월 13일에는 피고가 분신자살이란 극단적인 선택을 함으로써 정신적으로 큰 충격을 받았다고 주장했다. 뿐만 아니라 그 사건으로 인해 원고와 같은 자본가들에게 나쁜 이미지가 만들어졌고 전국연합노조 청계피복지부가 조직되어 끝내 원고가 운영하던 봉제 공장은 문을 닫게 되었다고 진술했다.

이에 대해 피고는 불우했던 성장 배경과 평화시장 임금 노동자로 정착한 과정, 당시 동료 노동자들이 받았던 인간 이하의 대우에 관한 실상을 적나라하게 공개했다. 피고는 우리나라에도 근로 기준법이 있다는 사실과 평화시장의 어떤 업주들도 그 법을 지키지 않는다는 사실을 깨닫고 노동 운동에 나섰다. 하지만 피고는 노동 현장의 모순과 업주들의 횡포, 담당 공무원들의 근무 태만을 고발하기 위해 서울시청 근로 감독관실, 노동청을 여러 차례 방문했으나 그들로부터 박대당하고 외면받았다.

1970년 10월, 피고를 비롯한 삼동회의 노력으로 평화시장 노동자들의 근로 실태가 언론에 대대적으로 보도되자 관계 기관에서는 피고 등을 회유하여 위기를 넘기고 언제 그랬냐는 식으로 말을 바꿨다. 이에 크게 분노하고 좌절한 피고는 11월 13일 시위에서 있으나마나 한 근로 기준법을 불태워 버리자고 제안했으며 동료들의 눈을 피해 자기 몸에 기름을 붓고 "우리는 기계가 아니다!"라고 외치며 분신자살하기에 이르렀다.

비록 피고가 극단적인 선택을 한 것은 도덕적으로나 윤리적으로 옳지 않지만 그와 같은 절박한 저지를 호소한 행위로 인정되며 그 뒤 노동 운동과 인권 운동에 매우 큰 영향을 주어 대중들을 일깨우고, 그들의 존경을 받고 있다는 점은 명백하다.

따라서 원고가 정신적·물질적으로 큰 피해를 입었다며 제기한 이번 소송은 원고의 주장을 기각한다.

역사공화국 한국사법정 담당 판사 공정한

# "전태일 선생님의 희망과 열정이<br>존경스럽습니다."

　　역사공화국 최고의 변호 실력에 미모까지 갖췄다고 자부하는 임예리 변호사는 재판에서 승리한 뒤에도 별로 기뻐하지 않았다. 처음 변론을 의뢰받을 때부터 승리를 확신했기에 긴장감이 떨어진 탓이었다.

　　"임 변호사님, 정말 수고했습니다."

　　재판이 끝난 뒤 법원 계단을 내려가면서 전태일이 말했다.

　　"고맙습니다. 그리고 선생님이 승소하신 것 축하드립니다."

　　임 변호사가 웃으며 축하 인사를 건넸다.

　　"점심시간이 지나긴 했지만 자, 가시죠. 무료 변론에 보답하는 뜻으로 점심은 내가 쏩니다."

　　"어머, 정말요?"

임 변호사는 전태일과 나란히 법원 앞 공원을 걸으며 물었다.

"그런데 전 선생님은 승소하신 소감이 어떠세요? 물론 처음부터 승소할 게 분명한 재판이기는 했지만……."

전태일이 대답했다.

"여간 기쁜 게 아닙니다. 임 변호사님도 잘 알다시피 내가 살아 있을 때는 행복이라든지 기쁨 같은 걸 별로 느껴 본 일이 없었거든요. 난 가난한 집에서 태어났고 어린 시절을 비참하게 보냈기 때문입니다. 그나마 청옥학교를 다니던 몇 개월이 가장 행복한 시절이 아닌가 싶고 평화시장 노동자의 이야기가 신문에 대문짝만 하게 보도되었을 때는 굉장히 기뻤지요. 그런데 스스로 목숨을 바친 뒤 전태일이란 이름이 역사에 남게 되었고 오늘처럼 재판에서 승리하게 되니 얼마나 좋은지 모릅니다."

"하지만 저는 선생님의 희망과 열정이 존경스럽습니다. 중학교 과정의 청옥학교를 몇 개월 다닌 게 전부였으면서도 법대생이나 읽는 근로 기준법을 달달 외우다시피 공부한 것이라든가, 가진 돈을 모두 털어서 설문지를 인쇄한 뒤 설문 조사를 하여 통계를 낸 점, 직접 평화시장 등 청계천 봉제 공장을 샅샅이 뒤져 공장의 숫자와 종업원 숫자, 그들의 건강 상태와 평균 월급, 시장 구조 등을 자세히 분석하는 일은 전문가들도 쉽게 엄두를 내지 못할 일이지요."

"하하하! 우리 가엾은 동료들을 위해서라면 그까짓 일은 얼마든지 할 수 있지요."

임 변호사는 그 말을 듣는 순간 전태일에 대해 쓴 글이 떠올라 슬

며시 미소를 지었다.

　"전태일은 학교 교육을 거의 받지 못했어도 사물을 정확하게 통찰하는 명석함을 지녔을 뿐 아니라 그의 사상과 행적을 예술적으로 표현하는 문장력을 지니고 있었다. …… 여기에서 우리는 인간의 명석함이란 선천적으로 주어지는 것이라기보다 인간에 대한 사랑에서 얻어지는 것임을 깨닫게 된다(재야 운동가 장기표가 쓴 글 '가장 인간적인 사람들의 가장 비범한 삶' 중에서)"

　왜 전태일은 바보회를 만들었을까?

# 역사가 숨 쉬는 서울 평화시장

서울 중구 을지로에 위치한 평화시장은 우리나라의 대표적인 의류 도매상가인 동시에 역사의 현장이기도 합니다. 원래 평화시장은 6·25 전쟁 때 남쪽으로 내려온 북한 피난민들이 이 지역에서 재봉틀 한두 대로 옷을 만들던 것에서 시작되었지요. 그리고 1962년 현대식 건물이 들어서면서 차츰 전통 있는 의류 시장으로 자리 잡았습니다. 평화를 바라는 피난민들의 마음을 담아 이름도 '평화시장'이라고 붙였지요.

지하철 1호선 또는 4호선 동대문 역에서 내리면 걸어서 갈 수 있는 평화시장에서는 재단사로 일하다 열악한 노동자들을 위해 목숨을 바친 전태일의 숨결을 느낄 수 있습니다. 평화시장 앞에는 전태일의 생애를 돌아보고 그 뜻을 되짚어 볼 수 있는 곳이 만들어져 있습니다. 그곳에서 "근로 기준법을 준수하고 내 죽음을 헛되이 하지 말라"는 전태일의 유언을 되새겨 볼 수 있지요.

전태일이 미싱사 보조에서부터 미싱사로 일하고, 또 재단사 보조를 거쳐 재단사로 일하던 평화시장 입구에는 다리가 있는데 '버들다리' 또는 '전태일 다리'라고도 합니다. 그곳에 전태일의 모습을 본뜬 동상이 있고 동상은 가로 약 145cm, 세로 약 72cm, 전체 높이 212cm이며,

다른 동상들과 달리 다리 부분은 땅에 묻혀 보이지 않는 것이 특징입니다. 마치 굳건한 그의 의지를 보여 주듯이 말입니다. 전태일 다리 위에는 전태일 동상뿐 아니라 비석과 동판도 있습니다.

동판에는 전태일의 뜻과 정신을 기리기 위한 시민들의 바람이 담겨 있습니다. 청계천 오간수교에서 나래교 사이 1.4km 보도에 펼쳐져 있는 동판의 수는 수천여 개에 이릅니다. 그리고 평화시장 입구에는 '전태일이 1970년 11월 13일 노동자의 인간다운 삶을 위해 분신 항거한 곳입니다'라는 동판이 있어 역사의 한 장면을 떠올리게 하지요.

찾아가기　주소 서울특별시 중구 을지로6가 17
　　　　　전화번호 02-2265-3531
　　　　　이용시간 평일 22:00~18:00

평화시장의 야경

전태일 다리 비문

『역사공화국 한국사법정 58 왜 전태일은 바보회를 만들었을까?』와 관련한 논술 문제를 풀어 봅시다.

※ 다음 제시문을 읽고 물음에 답하시오.

---

**근로 기준법**

- 제50조 2항 사장은 노동자에게 하루에 8시간을 넘겨 일을 시킬 수 없다.
- 제55조 사장은 노동자에게 일주일에 평균 하루 이상의 휴일을 주어야 하고, 그 휴일에도 임금을 줘야 한다.
- 제69조 15세 이상 18세 미만인 청소년은 하루에 7시간을 넘겨 일을 시킬 수 없다.

---

1. 위 내용은 근로 기준법의 일부입니다. 이 내용을 바탕으로 근로 기준법이 지키고자 하는 것이 무엇인지 써 보시오.

-------------------------------------------------------

-------------------------------------------------------

-------------------------------------------------------

-------------------------------------------------------

※ 다음 제시된 표를 보고 물음에 답하시오.

### OECD 가입 국가 평균 근로 시간(2011년)

| 순위 | 국가명 | 일주일 근로 시간 | 일 년 근로 시간 | 순위 | 국가명 | 일주일 근로 시간 | 일 년 근로 시간 |
|---|---|---|---|---|---|---|---|
| 1 | 한국 | 44 | 2,301 | 11 | 일본 | 34 | 1,772 |
| 2 | 그리스 | 38 | 2,120 | 12 | 뉴질랜드 | 34 | 1,753 |
| 3 | 체코 | 38 | 1,992 | 13 | 포르투갈 | 34 | 1,745 |
| 4 | 헝가리 | 38 | 1,988 | 14 | 핀란드 | 33 | 1,728 |
| 5 | 폴란드 | 38 | 1,969 | 15 | 캐나다 | 33 | 1,727 |
| 6 | 멕시코 | 36 | 1,893 | 16 | 호주 | 33 | 1,721 |
| 7 | 아이슬란드 | 35 | 1,807 | 17 | 영국 | 32 | 1,653 |
| 8 | 이탈리아 | 35 | 1,802 | 18 | 스위스 | 32 | 1,643 |
| 9 | 미국 | 35 | 1,792 | 19 | 오스트리아 | 32 | 1,631 |
| 10 | 슬로바키아 | 35 | 1,769 | 20 | 스페인 | 31 | 1,627 |

단위: 시간

2. 위의 표는 2010년도 1인당 연간 노동 시간을 나라별로 조사한 표입니다. 이 표를 보고, 전태일이 살았던 당시와 비교하여 현재 우리나라의 문제가 무엇인지 쓰시오.

- - - - - - - - - - - - - - - - - - - - - - - - - - - - - - - - - - - - - - - - -

---------------------------------------

---------------------------------------

---------------------------------------

---------------------------------------

---------------------------------------

---------------------------------------

---------------------------------------

---------------------------------------

---------------------------------------

---------------------------------------

**해답 1** 근로 기준법은 사장 즉 사업주가 근로자에게 일을 시킬 때 반드시 지켜야 할 내용을 법으로 정한 것입니다. 한 마디로 근로자를 지켜 주는 법이라고 할 수 있지요. 이렇게 법으로 정한 기준이 없으면 사업주가 무리한 요구를 하더라도 근로자는 따를 수밖에 없는 상황이 생길 수 있습니다. 예를 들어 정해진 노동 시간이 끝난 뒤 잔업을 요구하더라도 사업주의 눈 밖에 나는 것이 무서워 어쩔 수 없이 일을 해야 할 수도 있는 것입니다. 하지만 근로자의 노동 시간과 휴일이 법으로 정해져 있다면 사업주도 멋대로 무리한 일을 시킬 수 없게 됩니다.

왜 전태일은 바보회를 만들었을까?

**해답 2** 전태일이 박정희 대통령에게 보낸 탄원서를 보면 "저희들은 근로 기준법의 혜택을 조금도 못 받으며 굶주림과 어려운 현실을 이기려고 하루에 90원 내지 100원의 급료를 받으며 1일 15시간씩 작업을 합니다"라는 내용이 담겨 있습니다.

전태일이 이러한 내용을 작성한 것은 지금으로부터 40년도 훨씬 전의 일이었지요. 그런데 2010년 1인당 연간 노동 시간을 비교한 표를 보면 대한민국 국민의 1인당 연간 노동 시간은 2193시간으로, 이웃 나라 일본과 비교해 보면 400시간 이상 차이가 나고, 30위인 네덜란드와 비교하면 무려 800시간이 넘게 차이가 납니다. 여전히 우리나라의 노동 시간이 세계 어느 나라보다 월등히 높다는 것을 말해 줍니다.

이렇게 오랜 시간 동안 일하면 자연히 다른 부분에 소홀해질 수밖에 없습니다. 개인의 여가나 가족 간의 대화가 부족해져 또 다른 사회 문제를 발생하게 하지요.

\* 해답은 예시로 제시된 내용입니다.

역사공화국 한국사법정 58

# 왜 전태일은 바보회를 만들었을까?

© 이정범, 2012

초판 1쇄 발행일  2012년 12월 10일
초판 8쇄 발행일  2023년 2월 1일

지은이      이정범
그린이      이일선
펴낸이      정은영

펴낸곳      (주)자음과모음
출판등록  2001년 11월 28일 제2001-000259호
주소        10881 경기도 파주시 회동길 325-20
전화        편집부 (02) 324-2347  경영지원부 (02) 325-6047
팩스        편집부 (02) 324-2348  경영지원부 (02) 2648-1311
이메일      jamoteen@jamobook.com

ISBN  978-89-544-2358-8 (44910)

개정판 + 신판

# 과학자가 들려주는 과학 이야기 (전 130권)

정완상 외 지음 | (주)자음과모음

위대한 과학자들이 한국에 착륙했다!
어려운 이론이 쏙쏙 이해되는 신기한 과학수업,
〈과학자가 들려주는 과학 이야기〉 개정판과 신간 출시!

〈과학자가 들려주는 과학 이야기〉 시리즈는 어렵게만 느껴졌던 위대한 과학 이론을 최고의 과학자를 통해 쉽게 배울 수 있도록 했다. 또한 지적 호기심을 자극하는 흥미로운 실험과 이를 설명하는 이론들을 초등학교, 중학교 학생들의 눈높이에 맞춰 알기 쉽게 설명한 과학 이야기책이다.
특히 추가로 구성한 101~130권에는 청소년들이 좋아하는 동물 행동, 공룡, 식물, 인체 이야기와 최신 이론인 나노 기술, 뇌 과학 이야기 등을 넣어 교육 과정에서 배우고 있는 과학 분야뿐 아니라 최근의 과학 이론에 이르기까지 두루 배울 수 있도록 구성되어 있다.

### ★ 개정신판 이런 점이 달라졌다! ★

첫째, 기존의 책을 다시 한 번 재정리하여 독자들이 더 쉽게 이해할 수 있게 만들었다.
둘째, 각 수업마다 '만화로 본문 보기'를 두어 각 수업에서 배운 내용을 한 번 더 쉽게 정리하였다.
셋째, 꼭 알아야 할 어려운 용어는 '과학자의 비밀노트'에서 보충 설명하여 독자들의 이해를 도왔다.
넷째, '과학자 소개·과학 연대표·체크, 핵심과학·이슈, 현대 과학·찾아보기'로 구성된 부록을 제공하여 본문 주제와 관련한 다양한 지식을 습득할 수 있도록 하였다.
다섯째, 더욱 세련된 디자인과 일러스트로 독자들이 읽기 편하도록 만들었다.

# 철학자가 들려주는 철학 이야기 (전 100권)

서정욱 외 지음 | (주)자음과모음

## 아이들의 눈높이에 맞춘 철학 동화!
## 책 읽는 재미와 철학 공부를 자연스럽게 연결한 놀라운 구성!

대부분의 독자들이 어렵게 느끼는 철학을 동화 형식을 이용해 읽기 쉽게 접근한 책이다. 우리의 삶과 세상, 인간관계에 대해 어려서부터 진지하게 느끼고 고민할 수 있도록, 해당 철학 사조와 철학자들의 사상을 최대한 풀어 썼다.

이 시리즈의 가장 큰 장점은 내용과 형식의 조화로, 아이들이 흔히 겪을 수 있는 일상사를 철학 이론으로 해석하고 재미있는 이야기로 담은 것이다. 또한 아이들의 눈높이에 맞는 쉽고 명쾌한 해설인 '철학 돋보기'를 덧붙였으며, 각 권마다 줄거리나 철학자의 사상을 상징적으로 표현한 삽화로 읽는 재미를 더한다. 철학 동화를 이끌어가는 주인공을 형상화하고 내용의 포인트를 상징적으로 표현한 삽화는 아이들의 눈을 즐겁게 만들어준다. 무엇보다 이 시리즈는 철학이 우리 생활 한가운데 들어와 있고, 일상이 곧 철학이라는 사실을 잘 보여준다. 무엇보다 자기 자신을 극복한다는 것, 인간을 사랑한다는 것, 진정한 인간이 된다는 것, 현실과 자기 자신을 긍정한다는 것 등의 의미를 아이들의 시선에서 풀어내고 있다.